Ausführliches Verzeichniß der

Guttentag'schen Sammlung

Deutscher Reichs- und Preußischer Gesetze

Text-Ausgaben mit Anmerkungen — Taschenformat

welches alle wichtigeren Gesetze in absolut zu verlässigen Gesetzestexten und in mustergültiger Weise erläutert enthält, befindet sich hinter dem Sachregister.

Gewerbeordnung

für das

Deutsche Reich.

In der Fassung der Bekanntmachung
vom 26. Juli 1900.

Text-Ausgabe mit ausführlichem Sachregister.

Zweite Auflage.

Berlin 1901.
**J. Guttentag, Verlagsbuchhandlung,
G. m. b. H.**

Inhalt.

Gewerbeordnung für das Deutsche Reich.

Titel I.

Allgemeine Bestimmungen.

1. Der Betrieb eines Gewerbes ist Jedermann gestattet, soweit nicht durch dieses Gesetz Ausnahmen oder Beschränkungen vorgeschrieben oder zugelassen sind.

Wer gegenwärtig zum Betrieb eines Gewerbes berechtigt ist, kann von demselben nicht deshalb ausgeschlossen werden, weil er den Erfordernissen dieses Gesetzes nicht genügt.

2. Die Unterscheidung zwischen Stadt und Land in Bezug auf den Gewerbebetrieb und die Ausdehnung desselben hört auf.

3. Der gleichzeitige Betrieb verschiedener Gewerbe sowie desselben Gewerbes in mehreren Betriebs- oder Verkaufsstätten ist gestattet. Eine Beschränkung der Handwerker auf den Verkauf der selbstverfertigten Waaren findet nicht statt.

4. Den Zünften und kaufmännischen Korporationen steht ein Recht, Andere von dem Betrieb eines Gewerbes auszuschließen, nicht zu.

5. In den Beschränkungen des Betriebs einzelner Gewerbe, welche auf den Zoll-, Steuer- und Postgesetzen beruhen, wird durch das gegenwärtige Gesetz nichts geändert.

6. Das gegenwärtige Gesetz findet keine Anwendung auf die Fischerei, die Errichtung und Verlegung von Apotheken, die Erziehung von Kindern gegen Entgelt, das Unterrichtswesen, die advokatorische und Notariats-Praxis, den Gewerbebetrieb der Auswanderungsunternehmer und Auswanderungsagenten, der Versicherungsunternehmer und der Eisenbahnunternehmungen, die Befugniß zum Halten öffentlicher Fähren und die Rechtsverhältnisse der Schiffsmannschaften auf den Seeschiffen. — Auf das Bergwesen, die Ausübung der Heilkunde, den Verkauf von Arzneimitteln, den Vertrieb von Lotterieloosen und die Viehzucht findet das gegenwärtige Gesetz nur insoweit Anwendung, als dasselbe ausdrückliche Bestimmungen darüber enthält.

Durch Kaiserliche Verordnung wird bestimmt, welche Apothekerwaaren dem freien Verkehre zu überlassen sind.

7. Vom 1. Januar 1873 ab sind, soweit die Landesgesetze solches nicht früher verfügen, aufgehoben:

1. die noch bestehenden ausschließlichen Gewerbeberechtigungen, d. h. die mit dem Gewerbebetriebe verbundenen Berechtigungen, Anderen den Betrieb eines Gewerbes, sei es im Allgemeinen oder hin-

sichtlich der Benutzung eines gewissen Betriebsmaterials, zu untersagen oder sie darin zu beschränken;

2. die mit den ausschließlichen Gewerbeberechtigungen verbundenen Zwangs- und Bannrechte, mit Ausnahme der Abdeckereiberechtigungen;

3. alle Zwangs- und Bannrechte, deren Aufhebung nach dem Inhalte der Verleihungsurkunde ohne Entschädigung zulässig ist;

4. sofern die Aufhebung nicht schon in Folge dieser Bestimmungen eintritt, oder sofern sie nicht auf einem Vertrage zwischen Berechtigten und Verpflichteten beruhen:

   a) das mit dem Besitz einer Mühle, einer Brennerei oder Brenngerechtigkeit, einer Brauerei oder Braugerechtigkeit, oder einer Schankstätte verbundene Recht, die Konsumenten zu zwingen, daß sie bei den Berechtigten ihren Bedarf mahlen oder schroten lassen, oder das Getränk ausschließlich von denselben beziehen (der Mahlzwang, der Branntweinzwang oder der Brauzwang);

   b) das städtischen Bäckern oder Fleischern zustehende Recht, die Einwohner der Stadt, der Vorstädte oder der sogenannten Bannmeile zu zwingen, daß sie ihren Bedarf an Gebäck oder Fleisch ganz oder theilweise von jenen ausschließlich entnehmen;

5. die Berechtigungen, Konzessionen zu gewerblichen Anlagen oder zum Betriebe von Gewerben zu ertheilen, die dem Fiskus, Korporationen, Instituten oder einzelnen Berechtigten zustehen;
6. vorbehaltlich der an den Staat und die Gemeinde zu entrichtenden Gewerbesteuern, alle Abgaben, welche für den Betrieb eines Gewerbes entrichtet werden, sowie die Berechtigung, dergleichen Abgaben aufzuerlegen.

Ob und in welcher Weise den Berechtigten für die vorstehend aufgehobenen ausschließlichen Gewerbeberechtigungen, Zwangs- und Bannrechte u. s. w. Entschädigung zu leisten ist, bestimmen die Landesgesetze.

8. Von dem gleichen Zeitpunkt (§. 7) ab unterliegen, soweit solches nicht von der Landesgesetzgebung schon früher verfügt ist, der Ablösung:

1. diejenigen Zwangs- und Bannrechte, welche durch die Bestimmungen des §. 7 nicht aufgehoben sind, sofern die Verpflichtung auf Grundbesitz haftet, die Mitglieder einer Korporation als solche betrifft, oder Bewohnern eines Ortes oder Distrikts vermöge ihres Wohnsitzes obliegt;
2. das Recht, den Inhaber einer Schankstätte zu zwingen, daß er für seinen Wirthschaftsbedarf das Getränk aus einer bestimmten Fabrikationsstätte entnehme.

Das Nähere über die Ablösung dieser Rechte bestimmen die Landesgesetze.

9. Streitigkeiten darüber, ob eine Berechtigung zu den durch die §§. 7 und 8 aufgehobenen oder für ablösbar erklärten gehört, sind im Rechtswege zu entscheiden.

Jedoch bleibt den Landesgesetzen vorbehalten, zu bestimmen, von welchen Behörden und in welchem Verfahren die Frage zu entscheiden ist, ob oder wie weit eine auf einem Grundstücke haftende Abgabe eine Grundabgabe ist, oder für den Betrieb eines Gewerbes entrichtet werden muß.

10. Ausschließliche Gewerbeberechtigungen oder Zwangs- und Bannrechte, welche durch Gesetz aufgehoben oder für ablösbar erklärt worden sind, können fortan nicht mehr erworben werden.

Realgewerbeberechtigungen dürfen fortan nicht mehr begründet werden.

11. Das Geschlecht begründet in Beziehung auf die Befugniß zum selbständigen Betrieb eines Gewerbes keinen Unterschied.

11 a. Betreibt eine Ehefrau, für deren güterrechtliche Verhältnisse ausländische Gesetze maßgebend sind, im Inlande selbständig ein Gewerbe, so ist es auf ihre Geschäftsfähigkeit in Angelegenheiten des Gewerbes ohne Einfluß, daß sie Ehefrau ist.

Soweit die Frau in Folge des Güterstandes in der Verfügung über ihr Vermögen beschränkt ist, finden die Vorschriften des §. 1405 des Bürgerlichen Gesetzbuchs

Anwendung. Hat die Frau ihren Wohnsitz nicht im Inlande, so ist der Einspruch des Mannes gegen den Betrieb des Gewerbes und der Widerruf der ertheilten Einwilligung in das Güterrechtsregister des Bezirkes einzutragen, in welchem das Gewerbe betrieben wird.

Betreibt die Frau das Gewerbe mit Einwilligung des Mannes oder gilt die Einwilligung nach §. 1405 Abs. 2 des Bürgerlichen Gesetzbuchs als ertheilt, so haftet für die Verbindlichkeiten der Frau aus dem Gewerbebetrieb ihr Vermögen ohne Rücksicht auf die dem Manne kraft des Güterstandes zustehenden Rechte; im Falle des Bestehens einer ehelichen Gütergemeinschaft haftet auch das gemeinschaftliche Vermögen.

12. Hinsichtlich des Gewerbebetriebs der juristischen Personen des Auslandes bewendet es bei den Landesgesetzen.

Diejenigen Beschränkungen, welche in Betreff des Gewerbebetriebs für Personen des Soldaten- und Beamtenstandes sowie deren Angehörige bestehen, werden durch das gegenwärtige Gesetz nicht berührt.

13. Von dem Besitze des Bürgerrechts soll die Zulassung zum Gewerbebetrieb in keiner Gemeinde und bei keinem Gewerbe abhängig sein.

Nach dem begonnenen Gewerbebetrieb ist, soweit dies in der bestehenden Gemeindeverfassung begründet ist, der Gewerbetreibende auf Verlangen der Gemeindebehörde nach Ablauf von drei Jahren verpflichtet, das Bürgerrecht zu erwerben. Es darf jedoch in diesem Falle von ihm das sonst vorgeschriebene oder übliche Bürgerrechtsgeld nicht gefordert und ebenso nicht verlangt werden, daß er sein anderweit erworbenes Bürgerrecht aufgebe.

Titel II.

Stehender Gewerbebetrieb.

I. Allgemeine Erfordernisse.

14. Wer den selbständigen Betrieb eines stehenden Gewerbes anfängt, muß der für den Ort, wo solches geschieht, nach den Landesgesetzen zuständigen Behörde gleichzeitig Anzeige davon machen. Diese Anzeige liegt auch demjenigen ob, welcher zum Betrieb eines Gewerbes im Umherziehen (Titel III) befugt ist.

Außerdem hat, wer Versicherungen für eine Mobiliar- oder Immobiliar-Feuerversicherungsanstalt als Agent oder Unteragent vermitteln will, bei Uebernahme der Agentur, und derjenige, welcher dieses Geschäft wieder aufgiebt, oder welchem die Versicherungsanstalt den Auftrag wieder entzieht, innerhalb der nächsten acht Tage der zuständigen Behörde seines Wohnorts davon Anzeige zu machen. Buch- und Steindrucker, Buch- und Kunsthändler, Antiquare, Leihbibliothekare, Inhaber von Lesekabinetten, Verkäufer von Druckschriften, Zeitungen und Bildern haben bei der Eröffnung ihres Gewerbebetriebs das Lokal desselben sowie jeden späteren Wechsel des letzteren spätestens am Tage seines Eintritts der zuständigen Behörde ihres Wohnorts anzugeben.

15. Die Behörde bescheinigt innerhalb dreier Tage den Empfang der Anzeige.

Die Fortsetzung des Betriebs kann polizeilich verhindert werden, wenn ein Gewerbe, zu dessen Beginn eine besondere Genehmigung erforderlich ist, ohne diese Genehmigung begonnen wird.

15 a. Gewerbetreibende, die einen offenen Laden haben oder Gast- oder Schankwirthschaft betreiben, sind verpflichtet, ihren Familiennamen mit mindestens einem ausgeschriebenen Vornamen an der Außenseite oder am Eingange des Ladens oder der Wirthschaft in deutlich lesbarer Schrift anzubringen.

Kaufleute, die eine Handelsfirma führen, haben zugleich die Firma in der bezeichneten Weise an dem Laden oder der Wirthschaft anzubringen; ist aus der Firma der Familienname des Geschäftsinhabers mit dem ausgeschriebenen Vornamen zu ersehen, so genügt die Anbringung der Firma.

Auf offene Handelsgesellschaften, Kommanditgesellschaften und Kommanditgesellschaften auf Aktien finden diese Vorschriften mit der Maßgabe Anwendung, daß für die Namen der persönlich haftenden Gesellschafter gilt, was in Betreff der Namen der Gewerbetreibenden bestimmt ist.

Sind mehr als zwei Betheiligte vorhanden, deren Namen hiernach in der Aufschrift anzugeben wären, so genügt es, wenn die Namen von zweien mit einem das Vorhandensein weiterer Betheiligter andeutenden Zusatz aufgenommen werden. Die Polizeibehörde kann im einzelnen Falle die Angabe der Namen aller Betheiligter anordnen.

II. Erforderniß besonderer Genehmigung.

1. Anlagen, welche einer besonderen Genehmigung bedürfen.

16. Zur Errichtung von Anlagen, welche durch die örtliche Lage oder die Beschaffenheit der Betriebsstätte für die Besitzer oder Bewohner der benachbarten Grundstücke oder für das Publikum überhaupt erhebliche Nachtheile, Gefahren oder Belästigungen herbeiführen können, ist die Genehmigung der nach den Landesgesetzen zuständigen Behörde erforderlich.

Es gehören dahin:

Schießpulverfabriken, Anlagen zur Feuerwerkerei und zur Bereitung von Zündstoffen aller Art, Gasbereitungs- und Gasbewahrungsanstalten, Anstalten zur Destillation von Erdöl, Anlagen zur Bereitung von Braunkohlentheer, Steinkohlentheer und Koaks, sofern sie außerhalb der Gewinnungsorte des Materials errichtet werden, Glas- und Rußhütten, Anlagen zur Herstellung von Cement, gebranntem Kalk, entwässertem Gips, von Ziegelsteinen und anderen gebrannten Thonwaaren, Anlagen zur Gewinnung roher Metalle, Röstöfen, Metallgießereien, sofern sie nicht bloße Tiegelgießereien sind, Hammerwerke, chemische Fabriken aller Art, Schnellbleichen, Firnißsiedereien, Stärkefabriken mit Ausnahme der Fabriken zur Bereitung von Kartoffelstärke, Stärkesyrupsfabriken, Wachstuch-, Darmsaiten-, Dachpappen- und Dachfilzfabriken, Leim-, Thran- und Seifensiedereien, Knochenbrennereien, Knochendarren, Knochenkochereien und Knochenbleichen, Zubereitungsanstalten für Thierhaare, Talgschmelzen, Schlächtereien, Gerbereien, Abdeckereien, Poudretten- und Düngpulverfabriken, Stauanlagen für Wassertriebwerke (§. 23), Hopfen-Schwefeldörren, Asphaltkochereien und Pechsiedereien, soweit sie außerhalb der Gewinnungsorte des Materials errichtet werden, Strohpapierstofffabriken, Darmzubereitungsanstalten, Fabriken, in welchen Dampfkessel oder andere Blechgefäße durch Vernieten hergestellt werden, Kalifabriken und Anstalten zum Imprägniren von Holz mit erhitzten Theerölen, Kunstwollefabriken, Anlagen zur Herstellung von Celluloid und Dégrasfabriken, die Fabriken, in welchen Röhren aus Blech durch Vernieten hergestellt werden, sowie die Anlagen zur Erbauung eiserner Schiffe, zur Herstellung eiserner Brücken oder sonstiger eiserner Baukonstruktionen, die Anlagen zur Destillation oder zur Verarbeitung von Theer und von Theerwasser, die Anlagen, in welchen aus Holz oder ähnlichem Fasermaterial auf chemischem Wege Papierstoff hergestellt wird (Cellulosefabriken), die Anlagen, in welchen Albuminpapier hergestellt wird, die Anstalten zum Trocknen und Einsalzen ungegerbter Thierfelle sowie die Verbleiungs-,

Verzinnungs- und Verzinkungsanstalten, die Anlagen zur Herstellung von Gußstahlkugeln mittelst Kugelschrotmühlen (Kugelfräsmaschinen). Die Anlagen zur Herstellung von Zündschnüren und von elektrischen Zündern.

Das vorstehende Verzeichniß kann, je nach Eintritt oder Wegfall der im Eingange gedachten Voraussetzung, durch Beschluß des Bundesraths, vorbehaltlich der Genehmigung des nächstfolgenden Reichstags, abgeändert werden.

17. Dem Antrag auf die Genehmigung einer solchen Anlage müssen die zur Erläuterung erforderlichen Zeichnungen und Beschreibungen beigefügt werden.

Ist gegen die Vollständigkeit dieser Vorlagen nichts zu erinnern, so wird das Unternehmen mittelst einmaliger Einrückung in das zu den amtlichen Bekanntmachungen der Behörde (§. 16) bestimmte Blatt zur öffentlichen Kenntniß gebracht, mit der Aufforderung, etwaige Einwendungen gegen die neue Anlage binnen vierzehn Tagen anzubringen. Die Frist nimmt ihren Anfang mit Ablauf des Tages, an welchem das die Bekanntmachung enthaltende Blatt ausgegeben worden, und ist für alle Einwendungen, welche nicht auf privatrechtlichen Titeln beruhen, präklusivisch.

18. Werden keine Einwendungen angebracht, so hat die Behörde zu prüfen, ob die Anlage erhebliche Gefahren, Nachtheile oder Belästigungen für das Publikum herbeiführen könne. Auf Grund dieser Prüfung, welche sich zugleich auf die Beachtung der bestehenden bau-, feuer- und gesundheitspolizeilichen Vorschriften erstreckt, ist die Genehmigung zu versagen, oder, unter Festsetzung der sich als nöthig ergebenden Bedingungen, zu ertheilen. Zu den letzteren gehören auch diejenigen Anordnungen, welche zum Schutze der Arbeiter gegen Gefahr für Gesundheit und Leben nothwendig sind. Der Bescheid ist schriftlich auszufertigen und muß die festgesetzten Bedingungen enthalten; er muß mit Gründen versehen sein, wenn die Genehmigung versagt oder nur unter Bedingungen ertheilt wird.

19. Einwendungen, welche auf besonderen privatrechtlichen Titeln beruhen, sind zur richterlichen Entscheidung zu verweisen, ohne daß von der Erledigung derselben die Genehmigung der Anlage abhängig gemacht wird.

Andere Einwendungen dagegen sind mit den Parteien vollständig zu erörtern. Nach Abschluß dieser Erörterung erfolgt die Prüfung und Entscheidung nach den im §. 18 enthaltenen Vorschriften. Der Bescheid ist sowohl dem Unternehmer als dem Widersprechenden zu eröffnen.

19a. In dem Bescheide kann dem Unternehmer au seine Gefahr, unbeschadet des Rekursverfahrens (§. 20) die unverzügliche Ausführung der baulichen Anlagen gestattet werden, wenn er dies vor Schluß der Erörterung beantragt. Die Gestattung kann von einer Sicherheitsleistung abhängig gemacht werden.

20. Gegen den Bescheid ist Rekurs an die nächstvorgesetzte Behörde zulässig, welcher bei Verlust desselben binnen vierzehn Tagen, vom Tage der Eröffnung des Bescheids an gerechnet, gerechtfertigt werden muß.

Der Rekursbescheid ist den Parteien schriftlich zu eröffnen und muß mit Gründen versehen sein.

21. Die näheren Bestimmungen über die Behörden und das Verfahren, sowohl in der ersten als in der Rekurs-Instanz, bleiben den Landesgesetzen vorbehalten. Es sind jedoch folgende Grundsätze einzuhalten:

1. In erster oder in zweiter Instanz muß die Entscheidung durch eine kollegiale Behörde erfolgen. Diese Behörde ist befugt, Untersuchungen an Ort und Stelle zu veranlassen, Zeugen und Sachverständige zu laden und eidlich zu vernehmen, überhaupt den angetretenen Beweis in vollem Umfange zu erheben.
2. Bildet die kollegiale Behörde die erste Instanz, so ertheilt sie ihre Entscheidung in öffentlicher Sitzung, nach erfolgter Ladung und Anhörung der Parteien, auch in dem Falle, wenn zwar Einwendungen nicht angebracht sind, die Behörde aber nicht ohne Weiteres die Genehmigung ertheilen will, und der Antragsteller innerhalb vierzehn Tagen nach Empfang des die Genehmigung versagenden oder nur unter Bedingungen ertheilenden Bescheids der Behörde auf mündliche Verhandlung anträgt.
3. Bildet die kollegiale Behörde die zweite Instanz, so ertheilt sie stets ihre Entscheidung in öffentlicher Sitzung, nach erfolgter Ladung und Anhörung der Parteien.
4. Als Parteien sind der Unternehmer (Antragsteller),

sowie diejenigen Personen zu betrachten, welche Einwendungen erhoben haben.

5. Die Oeffentlichkeit der Sitzungen kann unter entsprechender Anwendung der §§. 173 bis 176 des Gerichtsverfassungsgesetzes ausgeschlossen oder beschränkt werden.

21 a. Die Sachverständigen (§. 21 Ziffer 1) haben über die Thatsachen, welche durch das Verfahren zu ihrer Kenntniß kommen, Verschwiegenheit zu beobachten und sich der Nachahmung der von dem Unternehmer geheim gehaltenen, zu ihrer Kenntniß gelangten Betriebseinrichtungen und Betriebsweisen, solange als diese Betriebsgeheimnisse sind, zu enthalten.

22. Die durch unbegründete Einwendungen erwachsenden Kosten fallen dem Widersprechenden, alle übrigen Kosten, welche durch das Verfahren entstehen, dem Unternehmer zur Last.

In den Bescheiden über die Zulässigkeit der neuen Anlage wird zugleich die Vertheilung der Kosten festgesetzt.

23. Bei den Stauanlagen für Wassertriebwerke sind außer den Bestimmungen der §§. 17 bis 22 die dafür bestehenden landesgesetzlichen Vorschriften anzuwenden.

Der Landesgesetzgebung bleibt vorbehalten, die fernere Benutzung bestehender und die Anlage neuer Privatschlächtereien in solchen Orten, für welche öffentliche Schlachthäuser in genügendem Umfange vorhanden sind oder errichtet werden, zu untersagen.

Soweit durch landesrechtliche Vorschriften Bestimmungen getroffen werden, wonach gewisse Anlagen oder gewisse

Arten von Anlagen in einzelnen Ortstheilen gar nicht oder nur unter besonderen Beschränkungen zugelassen sind, finden diese Bestimmungen auch auf Anlagen der im §. 16 erwähnten Art Anwendung.

24. Zur Anlegung von Dampfkesseln, dieselben mögen zum Maschinenbetriebe bestimmt sein oder nicht, ist die Genehmigung der nach den Landesgesetzen zuständigen Behörde erforderlich. Dem Gesuche sind die zur Erläuterung erforderlichen Zeichnungen und Beschreibungen beizufügen.

Die Behörde hat die Zulässigkeit der Anlage nach den bestehenden bau-, feuer- und gesundheitspolizeilichen Vorschriften sowie nach denjenigen allgemeinen polizeilichen Bestimmungen zu prüfen, welche von dem Bundesrath über die Anlegung von Dampfkesseln erlassen werden. Sie hat nach dem Befunde die Genehmigung entweder zu versagen, oder unbedingt zu ertheilen, oder endlich bei Ertheilung derselben die erforderlichen Vorkehrungen und Einrichtungen vorzuschreiben.

Bevor der Kessel in Betrieb genommen wird, ist zu untersuchen, ob die Ausführung den Bestimmungen der ertheilten Genehmigung entspricht. Wer vor dem Empfange der hierüber auszufertigenden Bescheinigung den Betrieb beginnt, hat die im §. 147 angedrohte Strafe verwirkt.

Die vorstehenden Bestimmungen gelten auch für bewegliche Dampfkessel.

Für den Rekurs und das Verfahren über denselben gelten die Vorschriften der §§. 20 und 21.

25. Die Genehmigung zu einer der in den §§. 16

und 24 bezeichneten Anlagen bleibt solange in Kraft, als keine Aenderung in der Lage oder Beschaffenheit der Betriebsstätte vorgenommen wird, und bedarf unter dieser Voraussetzung auch dann, wenn die Anlage an einen neuen Erwerber übergeht, einer Erneuerung nicht. Sobald aber eine Veränderung der Betriebsstätte vorgenommen wird, ist dazu die Genehmigung der zuständigen Behörde nach Maßgabe der §§. 17 bis 23 einschließlich beziehungsweise des §. 24 nothwendig. Eine gleiche Genehmigung ist erforderlich bei wesentlichen Veränderungen in dem Betrieb einer der im §. 16 genannten Anlagen. Die zuständige Behörde kann jedoch auf Antrag des Unternehmers von der Bekanntmachung (§. 17) Abstand nehmen, wenn sie die Ueberzeugung gewinnt, daß die beabsichtigte Veränderung für die Besitzer oder Bewohner benachbarter Grundstücke oder das Publikum überhaupt neue oder größere Nachtheile, Gefahren oder Belästigungen, als mit der vorhandenen Anlage verbunden sind, nicht herbeiführen werde.

Diese Bestimmungen finden auch auf gewerbliche Anlagen (§§. 16 und 24) Anwendung, welche bereits vor Erlaß dieses Gesetzes bestanden haben.

26. Soweit die bestehenden Rechte zur Abwehr benachtheiligender Einwirkungen, welche von einem Grundstück aus auf ein benachbartes Grundstück geübt werden, dem Eigenthümer oder Besitzer des letzteren eine Privatklage gewähren, kann diese Klage einer mit obrigkeitlicher Genehmigung errichteten gewerblichen Anlage gegenüber niemals auf Einstellung des Gewerbebetriebs, sondern nur auf Herstellung von Einrichtungen, welche die benachtheiligende Einwirkung ausschließen, oder, wo solche Einrichtungen unthunlich oder mit einem gehörigen Betriebe des Gewerbes unvereinbar sind, auf Schadloshaltung gerichtet werden.

27. Die Errichtung oder Verlegung solcher Anlagen, deren Betrieb mit ungewöhnlichem Geräusche verbunden ist, muß, sofern sie nicht schon nach den Vorschriften der §§. 16 bis 25 der Genehmigung bedarf, der Ortspolizeibehörde angezeigt werden. Letztere hat, wenn in der Nähe der gewählten Betriebsstätte Kirchen, Schulen oder andere öffentliche Gebäude, Krankenhäuser oder Heilanstalten vorhanden sind, deren bestimmungsmäßige Benutzung durch den Gewerbebetrieb auf dieser Stelle eine erhebliche Störung erleiden würde, die Entscheidung der höheren Verwaltungsbehörde darüber einzuholen, ob die Ausübung des Gewerbes an der gewählten Betriebsstätte zu untersagen oder nur unter Bedingungen zu gestatten sei.

28. Die höheren Verwaltungsbehörden sind befugt, über die Entfernung, welche bei Errichtung von durch Wind bewegten Triebwerken von benachbarten fremden Grundstücken und von öffentlichen Wegen inne zu halten ist, durch Polizeiverordnungen Bestimmung zu treffen.

2. Gewerbetreibende, welche einer besonderen Genehmigung bedürfen.

29. Einer Approbation, welche auf Grund eines Nachweises der Befähigung ertheilt wird, bedürfen Apotheker und diejenigen Personen, welche sich als Aerzte

(Wundärzte, Augenärzte, Geburtshelfer, Zahnärzte und Thierärzte) oder mit gleichbedeutenden Titeln bezeichnen oder seitens des Staates oder einer Gemeinde als solche anerkannt oder mit amtlichen Funktionen betraut werden sollen. Es darf die Approbation jedoch von der vorherigen akademischen Doktorpromotion nicht abhängig gemacht werden.

Der Bundesrath bezeichnet mit Rücksicht auf das vorhandene Bedürfniß, in verschiedenen Theilen des Reichs die Behörden, welche für das ganze Reich gültige Approbationen zu ertheilen befugt sind, und erläßt die Vorschriften über den Nachweis der Befähigung. Die Namen der Approbirten werden von der Behörde, welche die Approbation ertheilt, in den vom Bundesrathe zu bestimmenden amtlichen Blättern veröffentlicht.

Personen, welche eine solche Approbation erlangt haben, sind innerhalb des Reichs in der Wahl des Ortes, wo sie ihr Gewerbe betreiben wollen, vorbehaltlich der Bestimmungen über die Errichtung und Verlegung von Apotheken (§. 6), nicht beschränkt.

Dem Bundesrath bleibt vorbehalten, zu bestimmen, unter welchen Voraussetzungen Personen wegen wissenschaftlich erprobter Leistungen von der vorgeschriebenen Prüfung ausnahmsweise zu entbinden sind.

Personen, welche vor Verkündigung dieses Gesetzes in einem Bundesstaate die Berechtigung zum Gewerbebetriebe als Aerzte, Wundärzte, Zahnärzte, Geburtshelfer, Apotheker oder Thierärzte bereits erlangt haben, gelten als für das ganze Reich approbirt.

30. Unternehmer von Privat-Kranken-, Privat-Entbindungs- und Privat-Irrenanstalten bedürfen einer Konzession der höheren Verwaltungsbehörde. Die Konzession ist nur dann zu versagen:

a) wenn Thatsachen vorliegen, welche die Unzuverlässigkeit des Unternehmers in Beziehung auf die Leitung oder Verwaltung der Anstalt darthun,

b) wenn nach den von dem Unternehmer einzureichenden Beschreibungen und Plänen die baulichen und die sonstigen technischen Einrichtungen der Anstalt den gesundheitspolizeilichen Anforderungen nicht entsprechen,

c) wenn die Anstalt nur in einem Theile eines auch von anderen Personen bewohnten Gebäudes untergebracht werden soll und durch ihren Betrieb für die Mitbewohner dieses Gebäudes erhebliche Nachtheile oder Gefahren hervorrufen kann,

d) wenn die Anstalt zur Aufnahme von Personen mit ansteckenden Krankheiten oder von Geisteskranken bestimmt ist und durch ihre örtliche Lage für die Besitzer oder Bewohner der benachbarten Grundstücke erhebliche Nachtheile oder Gefahren hervorrufen kann.

Vor Ertheilung der Konzession sind über die Fragen zu c und d die Ortspolizei- und die Gemeindebehörden zu hören.

Hebammen bedürfen eines Prüfungszeugnisses der nach den Landesgesetzen zuständigen Behörde.

30a. Der Betrieb des Hufbeschlaggewerbes kann durch die Landesgesetzgebung von der Beibringung eines Prüfungszeugnisses abhängig gemacht werden. Das ertheilte Prüfungszeugniß gilt für den ganzen Umfang des Reichs.

31. Seeschiffer, Seesteuerleute, Maschinisten der Seedampfschiffe und Lootsen müssen sich über den Besitz der erforderlichen Kenntnisse durch ein Befähigungszeugniß der zuständigen Verwaltungsbehörde ausweisen.

Der Bundesrath erläßt die Vorschriften über den Nachweis der Befähigung. Die auf Grund dieses Nachweises ertheilten Zeugnisse gelten für das ganze Reich, bei Lootsen für das im Zeugniß angeführte Fahrwasser.

Soweit in Betreff der Schiffer und Lootsen auf Strömen in Folge von Staatsverträgen besondere Anordnungen getroffen sind, behält es dabei sein Bewenden.

32. Schauspielunternehmer bedürfen zum Betrieb ihres Gewerbes der Erlaubniß. Dieselbe gilt nur für das bei Ertheilung der Erlaubniß bezeichnete Unternehmen. Zum Betrieb eines anderen oder eines wesentlich veränderten Unternehmens bedarf es einer neuen Erlaubniß.

Die Erlaubniß ist zu versagen, wenn der Nachsuchende den Besitz der zu dem Unternehmen nöthigen Mittel nicht nachzuweisen vermag oder wenn die Behörde auf Grund von Thatsachen die Ueberzeugung gewinnt, daß derselbe die zu dem beabsichtigten Gewerbebetrieb erforderliche Zuverlässigkeit insbesondere in sittlicher, artistischer und finanzieller Hinsicht nicht besitzt.

33. Wer Gastwirthschaft, Schankwirthschaft oder

Kleinhandel mit Branntwein oder Spiritus betreiben will, bedarf dazu der Erlaubniß.

Diese Erlaubniß ist nur dann zu versagen:

1. wenn gegen den Nachsuchenden Thatsachen vorliegen, welche die Annahme rechtfertigen, daß er das Gewerbe zur Förderung der Völlerei, des verbotenen Spiels, der Hehlerei oder der Unsittlichkeit mißbrauchen werde;
2. wenn das zum Betriebe des Gewerbes bestimmte Lokal wegen seiner Beschaffenheit oder Lage den polizeilichen Anforderungen nicht genügt.

Die Landesregierungen sind befugt, außerdem zu bestimmen, daß

a) die Erlaubniß zum Ausschänken von Branntwein oder zum Kleinhandel mit Branntwein oder Spiritus allgemein,
b) die Erlaubniß zum Betriebe der Gastwirthschaft oder zum Ausschänken von Wein, Bier oder anderen, nicht unter a fallenden, geistigen Getränken in Ortschaften mit weniger als 15 000 Einwohnern, sowie in solchen Ortschaften mit einer größeren Einwohnerzahl, für welche dies durch Ortsstatut (§. 142) festgesetzt wird,

von dem Nachweis eines vorhandenen Bedürfnisses abhängig sein solle.

Vor Ertheilung der Erlaubniß ist die Ortspolizei- und die Gemeindebehörde gutachtlich zu hören.

Die vorstehenden Bestimmungen finden auf Vereine, welche den gemeinschaftlichen Einkauf von Lebens- und

Wirthschaftsbedürfnissen im Großen und deren Absatz im Kleinen zum ausschließlichen oder hauptsächlichen Zwecke haben, einschließlich der bereits bestehenden, auch dann Anwendung, wenn der Betrieb auf den Kreis der Mitglieder beschränkt ist.

Die Landesregierungen können anordnen, daß die vorstehenden Bestimmungen, mit Ausnahme derjenigen im Abs. 3 unter b, auch auf andere Vereine, einschließlich der bereits bestehenden, selbst dann Anwendung finden, wenn der Betrieb auf den Kreis der Mitglieder beschränkt ist.

33a. Wer gewerbsmäßig Singspiele, Gesangs- und deklamatorische Vorträge, Schaustellungen von Personen oder theatralische Vorstellungen, ohne daß ein höheres Interesse der Kunst oder Wissenschaft dabei obwaltet, in seinen Wirthschafts- oder sonstigen Räumen öffentlich veranstalten oder zu deren öffentlicher Veranstaltung seine Räume benutzen lassen will, bedarf zum Betriebe dieses Gewerbes der Erlaubniß ohne Rücksicht auf die etwa bereits erwirkte Erlaubniß zum Betriebe des Gewerbes als Schauspielunternehmer.

Die Erlaubniß ist nur dann zu versagen:

1. wenn gegen den Nachsuchenden Thatsachen vorliegen, welche die Annahme rechtfertigen, daß die beabsichtigten Veranstaltungen den Gesetzen oder guten Sitten zuwiderlaufen werden;
2. wenn das zum Betriebe des Gewerbes bestimmte Lokal wegen seiner Beschaffenheit oder Lage den polizeilichen Anforderungen nicht genügt;

3. wenn der den Verhältnissen des Gemeindebezirks entsprechenden Anzahl von Personen die Erlaubniß bereits ertheilt ist.

Aus den unter Ziffer 1 angeführten Gründen kann die Erlaubniß zurückgenommen und Personen, welche vor dem Inkrafttreten dieses Gesetzes den Gewerbebetrieb begonnen haben, derselbe untersagt werden.

33 b. Wer gewerbsmäßig Musikaufführungen, Schaustellungen, theatralische Vorstellungen oder sonstige Lustbarkeiten, ohne daß ein höheres Interesse der Kunst oder Wissenschaft dabei obwaltet, von Haus zu Haus oder auf öffentlichen Wegen, Straßen, Plätzen darbieten will, bedarf der vorgängigen Erlaubniß der Ortspolizeibehörde.

33 c. Die Abhaltung von Tanzlustbarkeiten richtet sich nach den landesrechtlichen Bestimmungen.

34. Wer das Geschäft eines Pfandleihers, Pfandvermittlers, Gesindevermiethers oder Stellenvermittlers betreiben will, bedarf dazu der Erlaubniß. Diese ist zu versagen, wenn Thatsachen vorliegen, welche die Unzuverlässigkeit des Nachsuchenden in Bezug auf den beabsichtigten Gewerbebetrieb darthun. Die Landesregierungen sind befugt, außerdem zu bestimmen, daß in Ortschaften, für welche dies durch Ortsstatut (§. 142) festgesetzt wird, die Erlaubniß zum Betriebe des Pfandleihgewerbes von dem Nachweis eines vorhandenen Bedürfnisses abhängig sein solle.

Als Pfandleihgewerbe gilt auch der gewerbsmäßige Ankauf beweglicher Sachen mit Gewährung des Rückkaufsrechts.

Die Landesgesetze können vorschreiben, daß zum Handel

mit Giften und zum Betriebe des Lootsengewerbes besondere Genehmigung erforderlich ist, imgleichen, daß das Gewerbe der Markscheider nur von Personen betrieben werden darf, welche als solche geprüft und konzessionirt sind.

35. Die Ertheilung von Tanz-, Turn- und Schwimmunterricht als Gewerbe, sowie der Betrieb von Badeanstalten ist zu untersagen, wenn Thatsachen vorliegen, welche die Unzuverlässigkeit des Gewerbetreibenden in Bezug auf diesen Gewerbebetrieb darthun.

Unter derselben Voraussetzung sind zu untersagen: der Trödelhandel (Handel mit gebrauchten Kleidern, gebrauchten Betten oder gebrauchter Wäsche, Kleinhandel mit altem Metallgeräthe, mit Metallbruch oder dergleichen) sowie der Kleinhandel mit Garnabfällen oder Dräumen von Seide, Wolle, Baumwolle oder Leinen, der Handel mit Dynamit oder anderen Sprengstoffen und der Handel mit Loosen von Lotterien und Ausspielungen, oder mit Bezugs- und Antheilsscheinen auf solche Loose.

Dasselbe gilt von der gewerbsmäßigen Besorgung fremder Rechtsangelegenheiten und bei Behörden wahrzunehmender Geschäfte, insbesondere der Abfassung der darauf bezüglichen schriftlichen Aufsätze, von der gewerbsmäßigen Auskunftertheilung über Vermögensverhältnisse oder persönliche Angelegenheiten von dem gewerbsmäßigen Betriebe der Viehverstellung (Viehpacht), des Viehhandels und des Handels mit ländlichen Grundstücken, von dem Geschäfte der gewerbsmäßigen Vermittelungsagenten für Immobilarverträge, Darlehen und Heirathen sowie vom Geschäfte eines Auktionators. Denjenigen, welche gewerbsmäßig das Geschäft eines Auktionators betreiben, ist es verboten, Immobilien zu versteigern, wenn sie nicht von den dazu befugten Staats- oder Kommunalbehörden oder Korporationen als solche angestellt sind (§. 36).

Der Handel mit Droguen und chemischen Präparaten, welche zu Heilzwecken dienen, ist zu untersagen, wenn die Handhabung des Gewerbebetriebs Leben und Gesundheit von Menschen gefährdet. Der Kleinhandel mit Bier kann untersagt werden, wenn der Gewerbetreibende wiederholt wegen Zuwiderhandlungen gegen die Vorschriften des §. 33 bestraft ist.

Ist die Untersagung erfolgt, so kann die Landes-Zentralbehörde oder eine andere von ihr zu bestimmende Behörde die Wiederaufnahme des Gewerbebetriebs gestatten, sofern seit der Untersagung mindestens ein Jahr verflossen ist.

Personen, welche die in diesem Paragraphen bezeichneten Gewerbe beginnen, haben bei Eröffnung ihres Gewerbebetriebs der zuständigen Behörde hiervon Anzeige zu machen.

36. Das Gewerbe der Feldmesser, Auktionatoren, Bücherrevisoren, derjenigen, welche den Feingehalt edler Metalle, oder die Beschaffenheit, Menge oder richtige Verpackung von Waaren irgend einer Art feststellen, der Güterbestätiger, Schaffer, Wäger, Messer, Bracker, Schauer, Stauer u. s. w. darf zwar frei betrieben werden, es bleiben jedoch die verfassungsmäßig dazu befugten Staats- oder

Kommunalbehörden oder Korporationen auch ferner berechtigt, Personen, welche diese Gewerbe betreiben wollen, auf die Beobachtung der bestehenden Vorschriften zu beeidigen und öffentlich anzustellen.

Die Bestimmungen der Gesetze, welche den Handlungen der genannten Gewerbetreibenden eine besondere Glaubwürdigkeit beilegen oder an diese Handlungen besondere rechtliche Wirkungen knüpfen, sind nur auf die von den verfassungsmäßig dazu befugten Staats- oder Kommunalbehörden oder Korporationen angestellten Personen zu beziehen.

37. Der Regelung durch die Ortspolizeibehörde unterliegt die Unterhaltung des öffentlichen Verkehrs innerhalb der Orte durch Wagen aller Art, Gondeln, Sänften, Pferde und andere Transportmittel, sowie das Gewerbe derjenigen Personen, welche auf öffentlichen Straßen oder Plätzen ihre Dienste anbieten.

38. Die Zentralbehörden sind befugt, über den Umfang der Befugnisse und Verpflichtungen sowie über den Geschäftsbetrieb der Pfandleiher, Pfandvermittler, Gesindevermiether, Stellenvermittler und Auktionatoren, soweit darüber die Landesgesetze nicht Bestimmungen treffen, Vorschriften zu erlassen.

Die in dieser Beziehung hinsichtlich der Pfandleiher bestehenden landesgesetzlichen Bestimmungen finden auf den im §. 34 Abs. 2 bezeichneten Geschäftsbetrieb Anwendung. Soweit es sich um diesen Geschäftsbetrieb handelt, gilt die Zahlung des Kaufpreises als Hingabe des Darlehens, der Unterschied zwischen dem Kaufpreis und dem verabredeten Rückkaufspreis als bedungene Vergütung für das Darlehen und die Uebergabe der Sache als Verpfändung derselben für das Darlehen.

Hinsichtlich der Gesindevermiether und Stellenvermittler sind die Zentralbehörden insbesondere befugt, die Ausübung des Gewerbes im Umherziehen sowie die gleichzeitige Ausübung des Gast- und Schankwirthschaftsgewerbes zu beschränken oder zu untersagen.

Die Zentralbehörden sind ferner befugt, Vorschriften darüber zu erlassen, in welcher Weise die im §. 35 Abs. 2, 3 verzeichneten Gewerbetreibenden ihre Bücher zu führen und welcher polizeilichen Kontrole über den Umfang und die Art ihres Geschäftsbetriebs sie sich zu unterwerfen haben.

39. Die Landesgesetze können die Einrichtung von Kehrbezirken für Schornsteinfeger gestatten. Jedoch ist, wo Kehrbezirke bestehen oder eingerichtet werden, die höhere Verwaltungsbehörde, soweit nicht Privatrechte entgegenstehen, befugt, die Kehrbezirke aufzuheben oder zu verändern, ohne daß deshalb den Bezirksschornsteinfegern ein Widerspruchsrecht oder ein Anspruch auf Entschädigung zusteht.

40. Die in den §§. 29 bis 33a und im §. 34 erwähnten Approbationen und Genehmigungen dürfen weder auf Zeit ertheilt, noch vorbehaltlich der Bestimmungen in den §§. 33a, 53 und 143 widerrufen werden.

Gegen Versagung der Genehmigung zum Betrieb eines der in den §§. 30, 30a, 32 bis 33a und 34 sowie gegen Untersagung des Betriebs der in den

§§. 33a, 35 und 37 erwähnten Gewerbe ist der Rekurs zulässig. Wegen des Verfahrens und der Behörden gelten die Vorschriften der §§. 20 und 21.

III. Umfang, Ausübung und Verlust der Gewerbebefugnisse.

41. Die Befugniß zum selbständigen Betrieb eines stehenden Gewerbes begreift das Recht in sich, in beliebiger Zahl Gesellen, Gehülfen, Arbeiter jeder Art und soweit die Vorschriften des gegenwärtigen Gesetzes nicht entgegenstehen, Lehrlinge anzunehmen. In der Wahl des Arbeits- und Hülfspersonals finden keine anderen Beschränkungen statt, als die durch das gegenwärtige Gesetz festgestellten.

In Betreff der Berechtigung der Apotheker, Gehülfen und Lehrlinge anzunehmen, bewendet es bei den Bestimmungen der Landesgesetze.

41a. Soweit nach den Bestimmungen der §§. 105b bis 105h Gehülfen, Lehrlinge und Arbeiter im Handelsgewerbe an Sonn- und Festtagen nicht beschäftigt werden dürfen, darf in offenen Verkaufsstellen ein Gewerbebetrieb an diesen Tagen nicht stattfinden. Diese Bestimmung findet auf den Geschäftsbetrieb von Konsum- und anderen Vereinen entsprechende Anwendung.

Weitergehenden landesgesetzlichen Beschränkungen des Gewerbebetriebs an Sonn- und Festtagen steht diese Bestimmung nicht entgegen.

41b. Auf Antrag von mindestens zwei Dritteln der betheiligten Gewerbetreibenden kann für eine Gemeinde oder mehrere örtlich zusammenhängende Gemeinden durch die höhere Verwaltungsbehörde vorgeschrieben werden, daß an Sonn- und Festtagen in bestimmten Gewerben, deren vollständige oder theilweise Ausübung zur Befriedigung täglicher oder an diesen Tagen besonders hervortretender Bedürfnisse der Bevölkerung erforderlich ist, ein Betrieb nur insoweit stattfinden darf, als Ausnahmen von den im §. 105b Abs. 1 getroffenen Bestimmungen zugelassen sind.

Der Bundesrath ist befugt, Bestimmungen darüber zu erlassen, welche Gewerbetreibende als betheiligt anzusehen sind und in welchem Verfahren die erforderliche Zahl von Gewerbetreibenden festzustellen ist.

42. Wer zum selbständigen Betriebe eines stehenden Gewerbes befugt ist, darf dasselbe innerhalb und unbeschadet der Bestimmungen des dritten Titels auch außerhalb des Gemeindebezirkes seiner gewerblichen Niederlassung ausüben.

Eine gewerbliche Niederlassung gilt nicht als vorhanden, wenn der Gewerbetreibende im Inlande ein zu dauerndem Gebrauch eingerichtetes, beständig oder doch in regelmäßiger Wiederkehr von ihm benutztes Lokal für den Betrieb seines Gewerbes nicht besitzt.

42a. Gegenstände, welche von dem Ankauf oder Feilbieten im Umherziehen ausgeschlossen sind, dürfen auch innerhalb des Gemeindebezirkes des Wohnorts oder der gewerblichen Niederlassung von Haus zu Haus oder auf öffentlichen Wegen, Straßen, Plätzen oder an anderen öffentlichen Orten nicht feilgeboten oder zum Wiederverkauf angekauft werden, mit Ausnahme von Bier und Wein in Fässern und Flaschen und vorbehaltlich des nach §. 33 erlaubten Gewerbebetriebs.

Die zuständige Landesregierung ist befugt, soweit ein Bedürfniß dazu obwaltet, anzuordnen, daß und inwiefern weitere Ausnahmen von diesem Verbote stattfinden sollen.

Das Feilbieten geistiger Getränke kann von der Ortspolizeibehörde im Falle besonderen Bedürfnisses vorübergehend gestattet werden.

42b. Durch die höhere Verwaltungsbehörde nach Anhörung der Gemeindebehörde oder durch Beschluß der Gemeindebehörde mit Genehmigung der höheren Verwaltungsbehörde kann für einzelne Gemeinden bestimmt werden, daß Personen, welche in dem Gemeindebezirk einen Wohnsitz oder eine gewerbliche Niederlassung besitzen und welche innerhalb des Gemeindebezirkes auf öffentlichen Wegen, Straßen, Plätzen oder an anderen öffentlichen Orten, oder ohne vorgängige Bestellung von Haus zu Haus

1. Waaren feilbieten, oder
2. Waaren bei anderen Personen als bei Kaufleuten oder solchen Personen, welche die Waaren produziren, oder an anderen Orten, als in offenen Verkaufsstellen zum Wiederverkauf ankaufen, oder Waarenbestellungen bei Personen, in deren Gewerbebetriebe Waaren der angebotenen Art keine Verwendung finden, aufsuchen, oder
3. gewerbliche Leistungen, hinsichtlich deren dies nicht Landesgebrauch ist, anbieten wollen,

der Erlaubniß bedürfen. Diese Bestimmung kann auf einzelne Theile des Gemeindebezirkes sowie auf gewisse Gattungen von Waaren und Leistungen beschränkt werden.

Auf die Ertheilung, Versagung und Zurücknahme der Erlaubniß finden die Vorschriften der §§. 57—58 und des §. 63 Abs. 1, und auf die Ausübung des Gewerbebetriebs die Vorschriften der §§. 60b, 60c, des §. 60d Abs. 1, 2 und des §. 63 Abs. 2 entsprechende Anwendung.

In Betreff der im §. 59 Ziffer 1 und 2 bezeichneten Erzeugnisse und Waaren, auch wenn dieselben nicht zu den selbstgewonnenen oder selbstverfertigten gehören, ferner in Betreff der Druckschriften, anderen Schriften und Bildwerke, insoweit der Gewerbebetrieb hiermit von Haus zu Haus stattfindet, sowie in Betreff der vom Bundesrath in Gemäßheit des §. 44 Abs. 2 gestatteten Ausnahmen darf der betreffende Gewerbebetrieb in dem Gemeindebezirke des Wohnsitzes oder der gewerblichen Niederlassung von einer Erlaubniß nicht abhängig gemacht werden. In Betreff der im §. 59 Ziffer 1 und 2 bezeichneten Erzeugnisse und Waaren kann jedoch der Gewerbebetrieb unter den im §. 57 Ziffer 1 bis 4 erwähnten Voraussetzungen untersagt sowie nach Maßgabe des §. 60b Abs. 2 und des §. 60c Abs. 2 beschränkt und gemäß §. 60b Abs. 3 verboten werden. Auf die Untersagung dieses Gewerbebetriebs finden die Vorschriften des §. 63 Abs. 1, auf die Beschränkung desselben die Vorschriften des §. 63 Abs. 2 entsprechende Anwendung.

Die höhere Verwaltungsbehörde ist befugt, die vom Bundesrathe gemäß §. 56d getroffenen Bestimmungen auf diejenigen Ausländer entsprechend anzuwenden, welche innerhalb des Gemeindebezirkes ihres Wohnorts oder ihrer gewerblichen Niederlassung auf öffentlichen Wegen, Straßen, Plätzen oder an anderen öffentlichen Orten oder ohne vorgängige Bestellung von Haus zu Haus eins der unter Ziffer 1 bis 3 bezeichneten Gewerbe betreiben wollen.

Kinder unter vierzehn Jahren dürfen, auch wenn eine Bestimmung nach Abs. 1 nicht getroffen ist, auf öffentlichen Wegen, Straßen, Plätzen oder an öffentlichen Orten oder ohne vorgängige Bestellung von Haus zu Haus Gegenstände nicht feilbieten. In Orten, wo ein derartiges Feilbieten durch Kinder herkömmlich ist, darf die Ortspolizeibehörde ein solches für bestimmte Zeitabschnitte, welche in einem Kalenderjahre zusammen vier Wochen nicht überschreiten dürfen, gestatten.

43. Wer gewerbsmäßig Druckschriften oder andere Schriften oder Bildwerke auf öffentlichen Wegen, Straßen, Plätzen oder an anderen öffentlichen Orten ausrufen, verkaufen, vertheilen, anheften oder anschlagen will, bedarf dazu einer Erlaubniß der Ortspolizeibehörde, und hat den über diese Erlaubniß auszustellenden auf seinen Namen lautenden Legitimationsschein bei sich zu führen.

Auf die Ertheilung und Versagung der Erlaubniß finden die Vorschriften des §. 57 Ziffer 1, 2, 4, der §§. 57a, 57b Ziffer 1 und 2 und des §. 63 Abs. 1 entsprechende Anwendung.

Auf das bloße Anheften und Anschlagen findet der Versagungsgrund der abschreckenden Entstellung keine Anwendung.

Zur Vertheilung von Stimmzetteln und Druckschriften zu Wahlzwecken bei der Wahl zu gesetzgebenden Körperschaften ist eine polizeiliche Erlaubniß in der Zeit von der amtlichen Bekanntmachung des Wahltags bis zur Beendigung des Wahlakts nicht erforderlich.

Dasselbe gilt auch bezüglich der nichtgewerbsmäßigen Vertheilung von Stimmzetteln und Druckschriften zu Wahlzwecken.

In geschlossenen Räumen ist zur nichtgewerbsmäßigen Vertheilung von Druckschriften oder anderen Schriften oder Bildwerken eine Erlaubniß nicht erforderlich.

An die Stelle des im §. 5 Abs. 1 des Preßgesetzes vom 7. Mai 1874 angezogenen §. 57 der Gewerbeordnung treten die Bestimmungen des §. 57 Ziffer 1, 2, 4, der §§. 57a, 57b Ziffer 1 und 2 des gegenwärtigen Gesetzes.

44. Wer ein stehendes Gewerbe betreibt, ist befugt, auch außerhalb des Gemeindebezirkes seiner gewerblichen Niederlassung persönlich oder durch in seinem Dienste stehende Reisende für die Zwecke seines Gewerbebetriebs Waaren aufzukaufen und Bestellungen auf Waaren zu suchen.

Die aufgekauften Waaren dürfen nur behufs deren Beförderung nach dem Bestimmungsorte mitgeführt werden; von den Waaren, auf welche Bestellungen gesucht werden, dürfen nur Proben und Muster mitgeführt werden, soweit nicht der Bundesrath für bestimmte Waaren, welche im Verhältnisse zu ihrem Umfang einen hohen Werth haben und übungsgemäß an die

Wiederverkäufer im Stücke abgesetzt werden, zum Zwecke des Absatzes an Personen, welche damit Handel treiben, Ausnahmen zuläßt.

Das Aufkaufen darf ferner nur bei Kaufleuten oder solchen Personen, welche die Waaren produziren, oder in offenen Verkaufsstellen erfolgen. Imgleichen darf das Aufsuchen von Bestellungen auf Waaren, mit Ausnahme von Druckschriften, anderen Schriften und Bildwerken und, soweit nicht der Bundesrath noch für andere Waaren oder Gegenden oder Gruppen von Gewerbetreibenden Ausnahmen zuläßt, ohne vorgängige ausdrückliche Aufforderung nur bei Kaufleuten in deren Geschäftsräumen, oder bei solchen Personen geschehen, in deren Geschäftsbetriebe Waaren der angebotenen Art Verwendung finden.

Hinsichtlich des Aufsuchens von Bestellungen auf Druckschriften, andere Schriften und Bildwerke finden die Vorschriften des §. 56 Abs. 3 entsprechende Anwendung.

44a. Wer in Gemäßheit des §. 44 Waarenbestellungen aufsucht oder Waaren aufkauft, bedarf hierzu einer Legitimationskarte, welche auf den Antrag des Inhabers des stehenden Gewerbebetriebs von der für dessen Niederlassungsort zuständigen Verwaltungsbehörde für die Dauer des Kalenderjahrs und den Umfang des Reichs ausgestellt wird. Die Legitimationskarte enthält den Namen des Inhabers derselben, den Namen der Person oder der Firma, in deren Diensten er handelt, und die nähere Bezeichnung des Gewerbebetriebs.

Der Inhaber der Legitimationskarte ist verpflichtet,

dieselbe während der Ausübung des Gewerbebetriebs bei sich zu führen, auf Erfordern der zuständigen Behörden oder Beamten vorzuzeigen und, sofern er hierzu nicht im Stande ist, auf deren Geheiß den Betrieb bis zur Herbeischaffung der Legitimationskarte einzustellen.

Die Legitimationskarte ist zu versagen, wenn bei demjenigen, für welchen sie beantragt wird, eine der im §. 57 Ziffer 1 bis 4 bezeichneten Voraussetzungen zutrifft, außerdem darf sie nur dann versagt werden, wenn die im §. 57b Ziffer 2 bezeichnete Voraussetzung vorliegt.

Die Legitimationskarte kann durch die Behörde, welche sie ausgestellt hat, zurückgenommen werden, wenn sich ergiebt, daß eine der im §. 57 Ziffer 1 bis 4 bezeichneten Voraussetzungen zur Zeit der Ertheilung derselben vorhanden gewesen, der Behörde aber unbekannt geblieben, oder nach Ertheilung derselben eingetreten ist, oder wenn bei dem Geschäftsbetriebe die im §. 44 gezogenen Schranken überschritten werden.

Wegen des Verfahrens gelten die Vorschriften des §. 63 Abs. 1.

Einer Legitimationskarte bedürfen diejenigen Gewerbetreibenden nicht, welche durch die in den Zollvereins- oder Handelsverträgen vorgesehene Gewerbelegitimationskarte bereits legitimirt sind. In Betreff dieser Gewerbetreibenden finden die vorstehenden Bestimmungen über die Verpflichtung zum Mitführen der Legitimationskarte, über die Folgen der Nichterfüllung dieser Verpflichtung sowie über die Versagung und Zurücknahme der Karte entsprechende Anwendung.

45. Die Befugnisse zum stehenden Gewerbebetriebe können durch Stellvertreter ausgeübt werden; diese müssen jedoch den für das in Rede stehende Gewerbe insbesondere vorgeschriebenen Erfordernissen genügen.

46. Nach dem Tode eines Gewerbetreibenden darf das Gewerbe für Rechnung der Wittwe während des Wittwenstandes, oder, wenn minderjährige Erben vorhanden sind, für deren Rechnung durch einen nach §. 45 qualifizirten Stellvertreter betrieben werden, insofern die über den Betrieb einzelner Gewerbe bestehenden besonderen Vorschriften nicht ein Anderes anordnen. Dasselbe gilt während der Dauer einer Kuratel oder Nachlaßregulirung.

47. Inwiefern für die nach den §§. 34 und 36 konzessionirten oder angestellten Personen eine Stellvertretung zulässig ist, hat in jedem einzelnen Falle die Behörde zu bestimmen, welcher die Konzessionirung oder Anstellung zusteht.

Dasselbe gilt in Beziehung auf diejenigen Schornsteinfeger, denen ein Kehrbezirk zugewiesen ist (§. 39).

48. Realgewerbeberechtigungen können auf jede, nach den Vorschriften dieses Gesetzes zum Betriebe des Gewerbes befähigte Person in der Art übertragen werden, daß der Erwerber die Gewerbeberechtigung für eigene Rechnung ausüben darf.

49. Bei Ertheilung der Genehmigung zu einer Anlage der in den §§. 16 und 24 bezeichneten Arten, imgleichen zur Anlegung von Privat-Kranken-, Privat-Entbindungs- und Privat-Irrenanstalten, zu Schauspielunternehmungen sowie zum Betriebe der im §. 33 gedachten Gewerbe kann von der genehmigenden Behörde den Umständen nach eine Frist festgesetzt werden, binnen welcher die Anlage oder das Unternehmen bei Vermeidung des Erlöschens der Genehmigung begonnen und ausgeführt und der Gewerbebetrieb angefangen werden muß. Ist eine solche Frist nicht bestimmt, so erlischt die ertheilte Genehmigung, wenn der Inhaber nach Empfang derselben ein ganzes Jahr verstreichen läßt, ohne davon Gebrauch zu machen.

Eine Verlängerung der Frist kann von der Behörde bewilligt werden, sobald erhebliche Gründe nicht entgegenstehen.

Hat der Inhaber einer solchen Genehmigung seinen Gewerbebetrieb während eines Zeitraums von drei Jahren eingestellt, ohne eine Fristung nachgesucht und erhalten zu haben, so erlischt dieselbe.

Für die im §. 16 aufgeführten Anlagen darf die nachgesuchte Fristung so lange nicht versagt werden, als wegen einer durch Erbfall oder Konkurserklärung entstandenen Ungewißheit über das Eigenthum an einer Anlage oder, in Folge höherer Gewalt, der Betrieb entweder gar nicht oder nur mit erheblichem Nachtheile für den Inhaber oder Eigenthümer der Anlage stattfinden kann.

Das Verfahren für die Fristung ist dasselbe wie für die Genehmigung neuer Anlagen.

50. Auf die Inhaber der bereits vor dem Erscheinen

des gegenwärtigen Gesetzes ertheilten Genehmigungen finden die im §. 49 bestimmten Fristen ebenfalls Anwendung, jedoch mit der Maßgabe, daß diese Fristen von dem Tage der Verkündigung des Gesetzes an zu laufen anfangen.

51. Wegen überwiegender Nachtheile und Gefahren für das Gemeinwohl kann die fernere Benutzung einer jeden gewerblichen Anlage durch die höhere Verwaltungsbehörde zu jeder Zeit untersagt werden. Doch muß dem Besitzer alsdann für den erweislichen Schaden Ersatz geleistet werden.

Gegen die untersagende Verfügung ist der Rekurs zulässig; wegen der Entschädigung steht der Rechtsweg offen.

52. Die Bestimmung des §. 51 findet auch auf die zur Zeit der Verkündigung des gegenwärtigen Gesetzes bereits vorhandenen gewerblichen Anlagen Anwendung; doch entspringt aus der Untersagung der ferneren Benutzung kein Anspruch auf Entschädigung, wenn bei der früher ertheilten Genehmigung ausdrücklich vorbehalten worden ist, dieselbe ohne Entschädigung zu widerrufen.

53. Die in dem §. 29 bezeichneten Approbationen können von der Verwaltungsbehörde nur dann zurückgenommen werden, wenn die Unrichtigkeit der Nachweise dargethan wird, auf Grund deren solche ertheilt worden sind, oder wenn dem Inhaber der Approbation die bürgerlichen Ehrenrechte aberkannt sind, im letzteren Falle jedoch nur für die Dauer des Ehrenverlustes.

Außer aus diesen Gründen können die in den §§. 30

30a, 32, 33, 34 und 36 bezeichneten Genehmigungen und Bestallungen in gleicher Weise zurückgenommen werden, wenn aus Handlungen oder Unterlassungen des Inhabers der Mangel derjenigen Eigenschaften, welche bei der Ertheilung der Genehmigung oder Bestallung nach der Vorschrift dieses Gesetzes vorausgesetzt werden mußten, klar erhellt. Inwiefern durch die Handlungen oder Unterlassungen eine Strafe verwirkt ist, bleibt der richterlichen Entscheidung vorbehalten.

Pfandleihern, welche vor dem Inkrafttreten des Gesetzes vom 23. Juli 1879 (Reichs-Gesetzbl. S. 267) den Gewerbebetrieb begonnen haben, sowie Pfandvermittlern, Gesindevermiethern und Stellenvermittlern, welche vor dem 1. Oktober 1900 den Gewerbebetrieb begonnen haben, kann derselbe untersagt werden, wenn Thatsachen vorliegen, welche die Unzuverlässigkeit des Gewerbetreibenden in Bezug auf den Gewerbebetrieb darthun. Ist die Untersagung erfolgt, so kann die Landes-Zentralbehörde oder eine andere von ihr zu bestimmende Behörde die Wiederaufnahme des Gewerbebetriebs gestatten, sofern seit der Untersagung mindestens ein Jahr verflossen ist.

54. Wegen des Verfahrens und der Behörden, welche in Bezug auf die untersagte Benutzung einer gewerblichen Anlage (§. 51), auf die Untersagung eines Gewerbebetriebs (§. 35), und die Zurücknahme einer Approbation, Genehmigung oder Bestallung (§§. 33a, 53) maßgebend sind gelten die Vorschriften der §§. 20 und 21.

Titel III.

Gewerbebetrieb im Umherziehen.

55. Wer außerhalb des Gemeindebezirkes seines Wohnorts oder der durch besondere Anordnung der höheren Verwaltungsbehörde dem Gemeindebezirke des Wohnorts gleichgestellten nächsten Umgebung desselben ohne Begründung einer gewerblichen Niederlassung und ohne vorgängige Bestellung in eigener Person

1. Waaren feilbieten,
2. Waarenbestellungen aufsuchen oder Waaren bei anderen Personen, als bei Kaufleuten, oder an anderen Orten, als in offenen Verkaufsstellen zum Wiederverkauf ankaufen,
3. gewerbliche Leistungen anbieten,
4. Musikaufführungen, Schaustellungen, theatralische Vorstellungen oder sonstige Lustbarkeiten, ohne daß ein höheres Interesse der Kunst oder der Wissenschaft dabei obwaltet, darbieten will,

bedarf eines Wandergewerbescheins, soweit nicht für die in Ziffer 2 bezeichneten Fälle in Gemäßheit des §. 44a eine Legitimationskarte genügt.

In dem Falle der Ziffer 4 ist auch für den Marktverkehr (§. 64) ein Wandergewerbeschein erforderlich.

55a. An Sonn- und Festtagen (§. 105a Abs. 2) ist der Gewerbebetrieb im Umherziehen, soweit er unter §. 55 Abs. 1 Ziffer 1 bis 3 fällt, sowie der Gewerbebetrieb der im §. 42b bezeichneten Personen verboten.

Ausnahmen können von der unteren Verwaltungsbehörde zugelassen werden. Der Bundesrath ist ermächtigt, über die Voraussetzungen und Bedingungen, unter denen Ausnahmen zugelassen werden dürfen, Bestimmungen zu erlassen.

56. Beschränkungen, vermöge deren gewisse Waaren von dem Feilhalten im stehenden Gewerbebetriebe ganz oder theilweise ausgeschlossen sind, gelten auch für deren Feilbieten im Umherziehen.

Ausgeschlossen vom Ankauf oder Feilbieten im Umherziehen sind:

1. geistige Getränke, soweit nicht das Feilbieten derselben von der Ortspolizeibehörde im Falle besonderen Bedürfnisses vorübergehend gestattet ist;
2. gebrauchte Kleider, gebrauchte Wäsche, gebrauchte Betten und gebrauchte Bettstücke, insbesondere Bettfedern, Menschenhaare, Garnabfälle, Enden und Dräumen von Seide, Wolle, Leinen oder Baumwolle;
3. Gold- und Silberwaaren, Bruchgold und Bruchsilber, sowie Taschenuhren;
4. Spielkarten;
5. Staats- und sonstige Werthpapiere, Lotterieloose, Bezugs- und Antheilsscheine auf Werthpapiere und Lotterieloose;
6. explosive Stoffe, insbesondere Feuerwerkskörper, Schießpulver und Dynamit;
7. solche mineralische und andere Oele, welche leicht entzündlich sind, insbesondere Petroleum, sowie Spiritus;

8. Stoß-, Hieb- und Schußwaffen;
9. Gifte und gifthaltige Waaren, Arznei- und Geheimmittel sowie Bruchbänder;
10. Bäume aller Art, Sträucher, Schnitt-, Wurzel-Reben, Futtermittel und Sämereien, mit Ausnahme von Gemüse- und Blumensamen;
11. Schmucksachen, Bijouterien, Brillen und optische Instrumente.

Ausgeschlossen vom Feilbieten und Aufsuchen von Bestellungen im Umherziehen sind ferner:

12. Druckschriften, andere Schriften und Bildwerke, insofern sie in sittlicher oder religiöser Beziehung Aergerniß zu geben geeignet sind, oder mittelst Zusicherung von Prämien oder Gewinnen vertrieben werden, oder in Lieferungen erscheinen, wenn nicht der Gesammtpreis auf jeder einzelnen Lieferung an einer in die Augen fallenden Stelle bestimmt verzeichnet ist.

Wer Druckschriften, andere Schriften oder Bildwerke im Umherziehen feilbieten will, hat ein Verzeichniß derselben der zuständigen Verwaltungsbehörde seines Wohnorts zur Genehmigung vorzulegen. Die Genehmigung ist nur zu versagen, soweit das Verzeichniß Druckschriften, andere Schriften oder Bildwerke der vorbezeichneten Art enthält. Der Gewerbetreibende darf nur die in dem genehmigten Verzeichniß enthaltenen Druckschriften, anderen Schriften oder Bildwerke bei sich führen, und ist verpflichtet, das Verzeichniß während der Ausübung des Gewerbebetriebs bei sich zu führen, auf Erfordern der zuständigen Behörden oder Beamten vorzuzeigen und, sofern er hierzu nicht im Stande ist, auf deren Geheiß den Betrieb bis zur Herbeischaffung des Verzeichnisses einzustellen.

56a. Ausgeschlossen vom Gewerbebetrieb im Umherziehen sind ferner:

1. die Ausübung der Heilkunde, insoweit der Ausübende für dieselbe nicht approbirt ist;
2. das Aufsuchen sowie die Vermittelung von Darlehnsgeschäften und von Rückkaufsgeschäften ohne vorgängige Bestellung, ferner das Aufsuchen von Bestellungen auf Staats- und sonstige Werthpapiere, Lotterieloose und Bezugs- und Antheilsscheine auf Werthpapiere und Lotterieloose;
3. das Aufsuchen von Bestellungen auf Branntwein und Spiritus bei Personen, in deren Gewerbebetriebe dieselben keine Verwendung finden;
4. das Feilbieten von Waaren sowie das Aufsuchen von Bestellungen auf Waaren, wenn solche gegen Theilzahlungen unter dem Vorbehalte veräußert werden, daß der Veräußerer wegen Nichterfüllung der dem Erwerber obliegenden Verpflichtungen von dem Vertrage zurücktreten kann (§§. 1 und 6 des Gesetzes, betreffend die Abzahlungsgeschäfte, vom 16. Mai 1894).

56b. Der Bundesrath ist befugt, soweit ein Bedürfniß obwaltet, anzuordnen, daß und inwiefern der Ankauf oder das Feilbieten von einzelnen der im §. 56

Abs. 2 ausgeschlossenen Waaren im Umherziehen gestattet sein soll. Die gleiche Befugniß steht den Landesregierungen für ihr Gebiet oder Theile desselben hinsichtlich der im §. 56 Abs. 2 Ziffer 10 bezeichneten Gegenstände zu.

Aus Gründen der öffentlichen Sicherheit, sowie zur Abwehr oder Unterdrückung von Seuchen kann durch Beschluß des Bundesraths und in dringenden Fällen durch Anordnung des Reichskanzlers nach Einvernehmen mit dem Ausschusse des Bundesraths für Handel und Verkehr für den Umfang des Reichs oder für Theile desselben bestimmt werden, daß und inwiefern außer den in den §§. 56 und 56a aufgeführten Gegenständen und Leistungen auch noch andere Gegenstände und Leistungen auf bestimmte Dauer von dem Gewerbebetriebe im Umherziehen ausgeschlossen sein sollen. Die Anordnung ist dem Reichstage sofort, oder, wenn derselbe nicht versammelt ist, bei seinem nächsten Zusammentritte mitzutheilen. Dieselbe ist außer Kraft zu setzen, wenn der Reichstag die Zustimmung nicht ertheilt.

Durch die Landesregierungen kann das Umherziehen mit Zuchthengsten zur Deckung von Stuten untersagt werden. Desgleichen kann zur Abwehr oder Unterdrückung von Seuchen der Handel mit Rindvieh, Schweinen, Schafen, Ziegen oder Geflügel im Umherziehen Beschränkungen unterworfen oder auf bestimmte Dauer untersagt werden.

56c. Das Feilbieten von Waaren im Umherziehen in der Art, daß dieselben versteigert oder im Wege des

Glückspiels oder der Ausspielung (Lotterie) abgesetzt werden, ist nicht gestattet. Ausnahmen von diesem Verbote dürfen von der zuständigen Behörde zugelassen werden, hinsichtlich der Wanderversteigerungen jedoch nur bei Waaren, welche dem raschen Verderben ausgesetzt sind.

Oeffentliche Ankündigungen des Gewerbebetriebs dürfen nur unter dem Namen des Gewerbetreibenden mit Hinzufügung seines Wohnorts erlassen werden. Wird für den Gewerbebetrieb eine Verkaufsstelle benutzt, so muß an derselben in einer für Jedermann erkennbaren Weise ein den Namen und Wohnort des Gewerbetreibenden angebender Aushang angebracht werden. Dies gilt insbesondere von den Wanderlagern.

56 d. Ausländern kann der Gewerbebetrieb im Umherziehen gestattet werden. Der Bundesrath ist befugt, die deshalb nöthigen Bestimmungen zu treffen.

57. Der Wandergewerbeschein ist zu versagen:

1. wenn der Nachsuchende mit einer abschreckenden oder ansteckenden Krankheit behaftet oder in einer abschreckenden Weise entstellt ist;
2. wenn er unter Polizeiaufsicht steht;
3. wenn er wegen strafbarer Handlungen aus Gewinnsucht, gegen das Eigenthum, gegen die Sittlichkeit, wegen vorsätzlicher Angriffe auf das Leben und die Gesundheit der Menschen, wegen Land- oder Hausfriedensbruchs, wegen Widerstandes gegen die Staatsgewalt, wegen vorsätzlicher Brandstiftung, wegen Zuwiderhandlungen gegen

Verbote oder Sicherungsmaßregeln, betreffend Einführung oder Verbreitung ansteckender Krankheiten oder Viehseuchen, zu einer Freiheitsstrafe von mindestens drei Monaten verurtheilt ist, und seit Verbüßung der Strafe drei Jahre noch nicht verflossen sind;

4. wenn er wegen gewohnheitsmäßiger Arbeitsscheu, Bettelei, Landstreicherei, Trunksucht übel berüchtigt ist;
5. in dem Falle des §. 55 Ziffer 4, sobald der den Verhältnissen des Verwaltungsbezirkes der zuständigen Verwaltungsbehörde entsprechenden Anzahl von Personen Wandergewerbescheine ertheilt oder ausgedehnt sind (§. 60 Abs. 2).

57 a. Der Wandergewerbeschein ist in der Regel zu versagen:

1. wenn der Nachsuchende das fünfundzwanzigste Lebensjahr noch nicht vollendet hat.

   Im Falle der Ziffer 1 ist dem Nachsuchenden der Wandergewerbeschein zu ertheilen, wenn er der Ernährer einer Familie ist und bereits vier Jahre im Wandergewerbe thätig gewesen ist;
2. wenn er blind, taub oder stumm ist, oder an Geistesschwäche leidet.

57 b. Der Wandergewerbeschein darf außerdem nur dann versagt werden:

1. wenn der Nachsuchende im Inland einen festen Wohnsitz nicht hat;
2. wenn er wegen strafbarer Handlungen aus Gewinnsucht, gegen das Eigenthum, gegen die Sitt-

lichkeit, wegen vorsätzlicher Angriffe auf das Leben und die Gesundheit der Menschen, wegen Hausfriedensbruchs, wegen Widerstandes gegen die Staatsgewalt, wegen vorsätzlicher Brandstiftung, wegen Zuwiderhandlungen gegen Verbote oder Sicherungsmaßregeln, betreffend Einführung oder Verbreitung ansteckender Krankheiten oder Viehseuchen, zu einer Freiheitsstrafe von mindestens einer Woche verurtheilt ist, und seit der Verbüßung der Strafe fünf Jahre noch nicht verflossen sind;

3. wenn er wegen Verletzung der auf den Gewerbebetrieb im Umherziehen bezüglichen Vorschriften im Laufe der letzten drei Jahre wiederholt bestraft ist;
4. wenn er ein oder mehrere Kinder besitzt, für deren Unterhalt und, sofern sie im schulpflichtigen Alter stehen, für deren Unterricht nicht genügend gesorgt ist.

58. Der Wandergewerbeschein kann zurückgenommen werden, wenn sich ergiebt, daß eine der im §. 57 Ziffer 1 bis 4, §. 57a oder §. 57b bezeichneten Voraussetzungen entweder zur Zeit der Ertheilung desselben bereits vorhanden gewesen, der Behörde aber unbekannt geblieben, oder erst nach Ertheilung des Scheines eingetreten ist.

59. Eines Wandergewerbescheins bedarf nicht:

1. wer selbstgewonnene oder rohe Erzeugnisse der Land- und Forstwirthschaft, des Garten- und Obstbaues, der Geflügel- und Bienenzucht, sowie selbst-

gewonnene Erzeugnisse der Jagd und Fischerei feilbietet;

2. wer in der Umgegend seines Wohnorts bis zu 15 Kilometer Entfernung von demselben selbstverfertigte Waaren, welche zu den Gegenständen des Wochenmarktverkehrs gehören, feilbietet oder gewerbliche Leistungen, hinsichtlich deren dies Landesgebrauch ist, anbietet;
3. wer selbstgewonnene Erzeugnisse oder selbstverfertigte Waaren, hinsichtlich deren dies Landesgebrauch ist, zu Wasser anfährt und von dem Fahrzeuge aus feilbietet;
4. wer bei öffentlichen Festen, Truppenzusammenziehungen oder anderen außergewöhnlichen Gelegenheiten mit Erlaubniß der Ortspolizeibehörde die von derselben zu bestimmenden Waaren feilbietet.

Die Landesregierungen können in weiterem Umfange den Gewerbebetrieb im Umherziehen mit Gegenständen des gemeinen Verbrauchs ohne Wandergewerbeschein innerhalb ihres Gebiets gestatten.

59a. In den Fällen des §. 59 Ziffer 1 bis 3 kann der Gewerbebetrieb untersagt werden, wenn die Voraussetzungen des §. 57 Ziffer 1 bis 4 vorliegen.

60. Der Wandergewerbeschein wird für die Dauer des Kalenderjahrs ertheilt, er berechtigt den Inhaber, in dem ganzen Gebiete des Reichs das bezeichnete Gewerbe nach Entrichtung der darauf haftenden Landessteuern zu betreiben. Soweit nach §. 56 Ziffer 1 das Feilbieten von geistigen Getränken im Falle besonderen Bedürfnisses vorübergehend gestattet wird, ist die räumliche und zeitliche Beschränkung dieser Erlaubniß im Wandergewerbeschein anzugeben.

Ein Wandergewerbeschein für den Betrieb der im §. 55 Ziffer 4 bezeichneten Gewerbe gewährt die Befugniß zum Gewerbebetrieb in einem anderen als dem Bezirke derjenigen Verwaltungsbehörde, welche ihn ausgestellt hat, nur dann, wenn er auf den anderen Bezirk von dessen Verwaltungsbehörde ausgedehnt ist. Sowohl die Ausstellung als auch die Ausdehnung eines derartigen Wandergewerbescheins kann für eine kürzere Dauer, als das Kalenderjahr, oder für bestimmte Tage während des Kalenderjahrs erfolgen. Die Ausdehnung ist zu versagen, sobald für die den Verhältnissen des Bezirkes entsprechende Anzahl von Personen Wandergewerbescheine bereits ausgestellt oder ausgedehnt sind.

Die Verwaltungsbehörde kann die von ihr bewilligte Ausdehnung nach Maßgabe des §. 58 zurücknehmen.

Der Wandergewerbeschein enthält die Personalbeschreibung des Inhabers und die nähere Bezeichnung des Geschäftsbetriebs. Das Formular der Wandergewerbescheine bestimmt der Bundesrath.

60a. Wer die im §. 55 Ziffer 4 bezeichneten Gewerbe an einem Orte von Haus zu Haus oder auf öffentlichen Wegen, Straßen, Plätzen oder an anderen öffentlichen Orten ausüben will, bedarf der vorgängigen Erlaubniß der Ortspolizeibehörde.

60b. Minderjährigen Personen kann in dem Wandergewerbescheine die Beschränkung auferlegt werden, daß sie das Gewerbe nicht nach Sonnenuntergang, und minderjährigen Personen weiblichen Geschlechts kann außerdem die Beschränkung auferlegt werden, daß sie dasselbe nur auf öffentlichen Wegen, Straßen und Plätzen, nicht aber von Haus zu Haus betreiben dürfen.

Desgleichen kann von der Ortspolizeibehörde minderjährigen Personen verboten werden, daß sie innerhalb des Polizeibezirkes die im §. 59 Ziffer 1 und 2 aufgeführten Gegenstände nach Sonnenuntergang, und minderjährigen Personen weiblichen Geschlechts, daß sie dieselben Gegenstände von Haus zu Haus feilbieten.

Das Feilbieten der im §. 59 Ziffer 1 und 2 bezeichneten Gegenstände durch Kinder unter vierzehn Jahren kann von der Ortspolizeibehörde verboten werden.

60c. Der Inhaber eines Wandergewerbescheins ist verpflichtet, diesen während der Ausübung des Gewerbebetriebs bei sich zu führen, auf Erfordern der zuständigen Behörden oder Beamten vorzuzeigen und, sofern er hierzu nicht im Stande ist, auf deren Geheiß den Betrieb bis zur Herbeischaffung des Wandergewerbescheins einzustellen. Auf gleiches Erfordern hat er die von ihm geführten Waaren vorzulegen.

Zum Zwecke des Gewerbebetriebs ist ohne vorgängige Erlaubniß der Eintritt in fremde Wohnungen, sowie zur Nachtzeit das Betreten fremder Häuser und Gehöfte nicht gestattet.

Denselben Bestimmungen (Absatz 2) unterliegt das

Feilbieten der im §. 59 Ziffer 1 und 2 aufgeführten Gegenstände.

60d. Der Wandergewerbeschein darf einem Anderen nicht zur Benutzung überlassen werden.

Wer für einen Anderen ein Gewerbe im Umherziehen zu betreiben beabsichtigt, unterliegt für seine Person den Bestimmungen dieses Gesetzes.

Wenn mehrere Personen die im §. 55 Ziffer 4 bezeichneten Gewerbe in Gemeinschaft mit einander zu betreiben beabsichtigen, so kann auf ihren Antrag ein gemeinsamer Wandergewerbeschein für die Gesellschaft als solche ausgestellt werden, in welchem jedes einzelne Mitglied aufzuführen ist. Werden für die einzelnen Mitglieder besondere Wandergewerbescheine ausgestellt, so kann in die letzteren ein Vermerk aufgenommen werden, nach welchem dem Inhaber der Gewerbebetrieb nur im Verbande einer bestimmten Gesellschaft, oder einer Gesellschaft überhaupt, gestattet sein soll.

Umherziehenden Schauspielergesellschaften wird der Wandergewerbeschein nur dann ertheilt, wenn der Unternehmer die im §. 32 vorgeschriebene Erlaubniß besitzt. In dem Wandergewerbescheine für den Unternehmer einer Schauspielergesellschaft ist ausdrücklich zu vermerken, daß der Gewerbetreibende als Unternehmer auftreten will.

61. Die Ertheilung des Wandergewerbescheins erfolgt durch die für den Wohnort oder Aufenthaltsort des Nachsuchenden zuständige höhere Verwaltungsbehörde. Die Verwaltungsbehörde des Aufenthaltsorts kann den Nachsuchenden an die Behörde seines Wohnorts verweisen.

In dem Falle des §. 55 Ziffer 4 erfolgt die Ertheilung des Wandergewerbescheins durch die höhere Verwaltungsbehörde, in deren Bezirke das Gewerbe betrieben werden soll.

Die Zurücknahme des Wandergewerbescheins erfolgt durch die für den Wohnort oder Aufenthaltsort des Inhabers zuständige höhere Verwaltungsbehörde.

62. Wer beim Gewerbebetrieb im Umherziehen andere Personen von Ort zu Ort mit sich führen will, bedarf der Erlaubniß derjenigen Behörde, welche den Wandergewerbeschein ertheilt hat, oder in deren Bezirke sich der Nachsuchende befindet. Die Erlaubniß wird in dem Wandergewerbeschein unter näherer Bezeichnung dieser Personen vermerkt.

Die Erlaubniß ist zu versagen, insoweit bei ihnen eine der im §. 57 bezeichneten Voraussetzungen zutrifft; außerdem darf dieselbe nur dann versagt werden, insoweit eine der im §. 57a und §. 57b bezeichneten Voraussetzungen vorliegt. Die Zurücknahme der Erlaubniß erfolgt nach Maßgabe des §. 58 durch eine für deren Ertheilung zuständige Behörde.

Die Mitführung von Kindern unter vierzehn Jahren zu gewerblichen Zwecken ist verboten.

Die Erlaubniß zur Mitführung von Kindern, welche schulpflichtig sind, ist zu versagen und die bereits ertheilte Erlaubniß zurückzunehmen, wenn nicht für einen ausreichenden Unterricht der Kinder gesorgt ist.

Die Erlaubniß zur Mitführung von Kindern unter vierzehn Jahren kann versagt und von der für die Er=

theilung derselben zuständigen Behörde zurückgenommen werden. Dasselbe gilt von der Erlaubniß zur Mitführung von Personen anderen Geschlechts mit Ausnahme der Ehegatten und der über vierzehn Jahre alten eigenen Kinder und Enkel.

63. Wird der Wandergewerbeschein versagt oder zurückgenommen, oder wird die erfolgte Ausdehnung desselben zurückgenommen, so ist dies dem Betheiligten mittelst schriftlichen Bescheids unter Angabe der Gründe zu eröffnen. Gegen den Bescheid ist der Rekurs zulässig, jedoch ohne aufschiebende Wirkung. Wegen des Verfahrens und der Behörden gelten die Vorschriften der §§. 20 und 21. Dasselbe gilt von der Versagung der Genehmigung des Druckschriftenverzeichnisses (§. 56 Abs. 4), von der Untersagung des Gewerbebetriebs gemäß §. 59a und der Versagung oder Zurücknahme der Erlaubniß in den Fällen des §. 62 Abs. 2.

Die in Gemäßheit des §. 57 Ziffer 5 erfolgte Versagung des Wandergewerbescheins sowie die auf Grund des §§. 60 Abs. 2, der §§. 60b und 62 Abs. 4, 5 getroffenen Verfügungen können nur im Wege der Beschwerde an die unmittelbar vorgesetzte Aufsichtsbehörde angefochten werden.

Titel IV.

Marktverkehr.

64. Der Besuch der Messen, Jahr- und Wochenmärkte, sowie der Kauf und Verkauf auf denselben steht einem Jeden mit gleichen Befugnissen frei.

Wo jedoch nach der bisherigen Ortsgewohnheit gewisse Handwerkerwaaren, welche nicht zu den im §. 66 bezeichneten Gegenständen gehören, nur von Bewohnern des Marktorts auf dem Wochenmarkte verkauft werden durften, kann die höhere Verwaltungsbehörde, auf Antrag der Gemeindebehörde den einheimischen Verkäufern die Fortsetzung des herkömmlichen Wochenmarktverkehrs mit jenen Handwerkerwaaren gestatten, ohne auswärtige Verkäufer derselben Waaren auf dem Wochenmarkte zuzulassen.

Beschränkungen des Marktverkehrs der Ausländer als Erwiderung der im Auslande gegen Reichsangehörige angeordneten Beschränkungen bleiben dem Bundesrathe vorbehalten.

65. Die Zahl, Zeit und Dauer der Messen, Jahr- und Wochenmärkte wird von der zuständigen Verwaltungsbehörde festgesetzt.

Dem Marktberechtigten steht gegen eine solche Anordnung kein Widerspruch zu; ein Entschädigungsanspruch gebührt demselben nur dann, wenn durch die Anordnung die Zahl der bis dahin abgehaltenen Märkte vermindert wird, und eine größere Zahl ausdrücklich und unwiderruflich verliehen war. Gemeinden, welche einen Entschädigungsanspruch geltend machen wollen, müssen außerdem nachweisen, daß ihr Recht auf einen speziellen lästigen Titel sich gründet.

66. Gegenstände des Wochenmarktverkehrs sind:

1. rohe Naturerzeugnisse mit Ausschluß des größeren Viehes;
2. Fabrikate, deren Erzeugung mit der Land- und Forstwirthschaft, dem Garten- und Obstbau oder

der Fischerei in unmittelbarer Verbindung steht, oder zu den Nebenbeschäftigungen der Landleute der Gegend gehört, oder durch Tagelöhnerarbeit bewirkt wird, mit Ausschluß der geistigen Getränke;

3. frische Lebensmittel aller Art.

Die zuständige Verwaltungsbehörde ist auf Antrag der Gemeindebehörde befugt, zu bestimmen, welche Gegenstände außerdem nach Ortsgewohnheit und Bedürfniß in ihrem Bezirk überhaupt, oder an gewissen Orten zu den Wochenmarktartikeln gehören.

67. Auf Jahrmärkten dürfen außer den im §. 66 benannten Gegenständen Verzehrungsgegenstände und Fabrikate aller Art feilgehalten werden.

Zum Verkaufe von geistigen Getränken zum Genuß auf der Stelle bedarf es jedoch der Genehmigung der Ortspolizeibehörde.

68. Der Marktverkehr darf in keinem Falle mit anderen als solchen Abgaben belastet werden, welche eine Vergütung für den überlassenen Raum und den Gebrauch von Buden und Geräthschaften bilden. In den Bestimmungen darüber, ob und in welchem Umfang Abgaben dieser Art erhoben werden dürfen, wird durch gegenwärtiges Gesetz nichts geändert. Ein Unterschied zwischen Einheimischen und Fremden bezüglich der Zahlung der Abgaben darf nicht stattfinden.

69. In den Grenzen der Bestimmungen der §§. 65 bis 68 kann die Ortspolizeibehörde, im Einverständnisse mit der Gemeindebehörde, die Marktordnung nach dem örtlichen Bedürfnisse festsetzen, namentlich auch für das Feilbieten von gleichartigen Gegenständen den Platz, und für das Feilbieten im Umhertragen, mit oder ohne Ausruf, die Tageszeit und die Gattung der Waaren bestimmen.

70. In Betreff der Märkte, welche bei besonderen Gelegenheiten oder für bestimmte Gattungen von Gegenständen gehalten werden, bewendet es bei den bestehenden Anordnungen.

Erweiterungen dieses Marktverkehrs können von der zuständigen Behörde mit Zustimmung der Gemeindebehörde angeordnet werden.

71. Beschränkungen des Verkehrs mit den zu Messen und Märkten gebrachten, aber unverkauft gebliebenen Gegenständen werden hierdurch aufgehoben. Der Einzelverkauf solcher Gegenstände außer der Marktzeit ist jedoch nur unter denselben Bedingungen zulässig, unter welchen derselbe statthaft sein würde, wenn die Gegenstände nicht auf den Markt gebracht wären.

Titel V.

Taxen.

72. Polizeiliche Taxen sollen, soweit nicht ein Anderes nachstehend angeordnet worden, künftig nicht vorgeschrieben werden; da, wo sie gegenwärtig bestehen, sind sie in einer von der Ortspolizeibehörde zu bestimmenden, höchstens einjährigen Frist aufzuheben.

73. Die Bäcker und die Verkäufer von Backwaaren können durch die Ortspolizeibehörde angehalten werden, die Preise und das Gewicht ihrer verschiedenen Backwaaren für gewisse von derselben zu bestimmende Zeit-

räume durch einen von außen sichtbaren Anschlag am Verkaufslokale zur Kenntniß des Publikums zu bringen. Dieser Anschlag ist kostenfrei mit dem polizeilichen Stempel zu versehen und täglich während der Verkaufszeit auszuhängen.

74. Wo der Verkauf von Backwaaren nur nach den von den Bäckern und Verkäufern an ihren Verkaufslokalen angeschlagenen Preisen erlaubt ist, kann die Ortspolizeibehörde die Bäcker und Verkäufer zugleich anhalten, im Verkaufslokal eine Waage mit den erforderlichen geaichten Gewichten aufzustellen und die Benutzung derselben zum Nachwiegen der verkauften Backwaaren zu gestatten.

75. Die Gastwirthe können durch die Ortspolizeibehörde angehalten werden, das Verzeichniß der von ihnen gestellten Preise einzureichen und in den Gastzimmern anzuschlagen. Diese Preise dürfen zwar jederzeit abgeändert werden, bleiben aber solange in Kraft, bis die Abänderung der Polizeibehörde angezeigt und das abgeänderte Verzeichniß in den Gastzimmern angeschlagen ist. Auf Beschwerden Reisender wegen Ueberschreitung der verzeichneten Preise steht der Ortspolizeibehörde eine vorläufige Entscheidung vorbehaltlich des Rechtswegs zu.

75a. Die Gesindevermiether und Stellenvermittler sind verpflichtet, das Verzeichniß der von ihnen für ihre gewerblichen Leistungen aufgestellten Taxen der Ortspolizeibehörde einzureichen und in ihren Geschäftsräumen an einer in die Augen fallenden Stelle anzuschlagen. Diese Taxen dürfen zwar jederzeit abgeändert werden, bleiben aber solange in Kraft, bis die Abänderung der

Polizeibehörde angezeigt und das abgeänderte Verzeichniß in den Geschäftsräumen angeschlagen ist.

Die Gesindevermiether und Stellenvermittler sind ferner verpflichtet, dem Stellesuchenden vor Abschluß des Vermittelungsgeschäfts die für ihn zur Anwendung kommende Taxe mitzutheilen.

76. Die Ortspolizeibehörde ist in Uebereinstimmung mit der Gemeindebehörde befugt, für Lohnbediente und andere Personen, welche auf öffentlichen Straßen und Plätzen oder in Wirthshäusern ihre Dienste anbieten (§. 37), sowie für die Benutzung von Wagen, Pferden, Sänften, Gondeln und anderen Transportmitteln, welche öffentlich zum Gebrauch aufgestellt sind, Taxen festzusetzen.

77. Ebenso können für Schornsteinfeger, wenn ihnen Bezirke ausschließlich zugewiesen sind, von der Ortspolizeibehörde, im Einverständnisse mit der Gemeindebehörde oder, wenn der zugewiesene Bezirk mehr als eine Ortschaft umfaßt, von der unteren Verwaltungsbehörde Taxen aufgestellt werden.

78. Hinsichtlich der Taxen für solche gewerbetreibende Personen, welche nach den Bestimmungen im §. 36 von den Behörden zu beeidigen und anzustellen sind, wird durch das gegenwärtige Gesetz nichts geändert. Die nach §. 36 zuständigen Behörden sind befugt, für diese Personen auch da Taxen einzuführen, wo dergleichen bisher nicht bestanden.

79. Die in den §§. 73 bis 78 genannten Gewerbetreibenden sind berechtigt, die festgestellten Preise und Taxen zu ermäßigen.

80. Die Taxen für die Apotheker können durch die

Zentralbehörden festgesetzt werden, Ermäßigungen derselben durch freie Vereinbarungen sind jedoch zulässig.

Die Bezahlung der approbirten Aerzte u. s. w. (§. 29 Abs. 1) bleibt der Vereinbarung überlassen. Als Norm für streitige Fälle im Mangel einer Vereinbarung können jedoch für dieselben Taxen von den Zentralbehörden festgesetzt werden.

Titel VI.

Innungen, Innungsausschüsse, Handwerkskammern, Innungsverbände.

I. Innungen.

a. Allgemeine Vorschriften.

81. Diejenigen, welche ein Gewerbe selbständig betreiben, können zur Förderung der gemeinsamen gewerblichen Interessen zu einer Innung zusammentreten.

81 a. Aufgabe der Innungen ist:

1. die Pflege des Gemeingeistes sowie die Aufrechterhaltung und Stärkung der Standesehre unter den Innungsmitgliedern;
2. die Förderung eines gedeihlichen Verhältnisses zwischen Meistern und Gesellen (Gehülfen) sowie die Fürsorge für das Herbergswesen und den Arbeitsnachweis;
3. die nähere Regelung des Lehrlingswesens und die Fürsorge für die technische, gewerbliche und sittliche Ausbildung der Lehrlinge, vorbehaltlich der Bestimmungen der §§. 103 e, 126 bis 132 a;

4. die Entscheidung von Streitigkeiten der im §. 3 des Gewerbegerichtsgesetzes vom 29. Juli 1890 (Reichs-Gesetzbl. S. 141) und im §. 53a des Krankenversicherungsgesetzes (Reichs-Gesetzbl. 1892 S. 379) bezeichneten Art zwischen den Innungsmitgliedern und ihren Lehrlingen.

81b. Die Innungen sind befugt, ihre Wirksamkeit auf andere, den Innungsmitgliedern gemeinsame gewerbliche Interessen als die im §. 81a bezeichneten auszudehnen. Insbesondere steht ihnen zu:

1. Veranstaltungen zur Förderung der gewerblichen, technischen und sittlichen Ausbildung der Meister, Gesellen (Gehülfen) und Lehrlinge zu treffen, insbesondere Schulen zu unterstützen, zu errichten und zu leiten, sowie über die Benutzung und den Besuch der von ihnen errichteten Schulen Vorschriften zu erlassen;
2. Gesellen- und Meisterprüfungen zu veranstalten und über die Prüfungen Zeugnisse auszustellen;
3. zur Unterstützung ihrer Mitglieder und deren Angehörigen, ihrer Gesellen (Gehülfen), Lehrlinge und Arbeiter in Fällen der Krankheit, des Todes, der Arbeitsunfähigkeit oder sonstiger Bedürftigkeit Kassen zu errichten;
4. Schiedsgerichte zu errichten, welche berufen sind, Streitigkeiten der im §. 3 des Gewerbegerichtsgesetzes und im §. 53a des Krankenversicherungsgesetzes bezeichneten Art zwischen den Innungsmitgliedern und ihren Gesellen (Gehülfen) und

Arbeitern an Stelle der sonst zuständigen Behörden zu entscheiden;

5. zur Förderung des Gewerbebetriebs der Innungsmitglieder einen gemeinschaftlichen Geschäftsbetrieb einzurichten.

82. Der Bezirk, für welchen eine Innung errichtet wird, soll in der Regel nicht über den Bezirk der höheren Verwaltungsbehörde, in welchem die Innung ihren Sitz nimmt, hinausgehen. Ausnahmen bedürfen der Genehmigung der Landes-Zentralbehörde.

Soll der Bezirk, für welchen eine Innung errichtet wird, über das Gebiet eines Bundesstaats hinaus erstreckt werden, so ist hierzu die Genehmigung der betheiligten Landes-Zentralbehörden erforderlich. Wird die Genehmigung ertheilt, so sind die den Behörden übertragenen Befugnisse, soweit nicht eine anderweite Vereinbarung getroffen wird, von den Behörden desjenigen Bundesstaats wahrzunehmen, in welchem die Innung ihren Sitz hat.

Bei der Errichtung ist der Innung ein Name zu geben, welcher von dem aller anderen, an demselben Orte oder in derselben Gemeinde befindlichen Innungen verschieden ist. Die landesüblichen Benennungen (Aemter, Gilden und dergleichen) können beibehalten werden.

83. Die Aufgaben der Innung, die Einrichtung ihrer Verwaltung und die Rechtsverhältnisse ihrer Mitglieder sind, soweit das Gesetz nicht darüber bestimmt, durch das Statut zu regeln.

Dasselbe muß Bestimmung treffen über:

1. Namen, Sitz und Bezirk der Innung sowie die Gewerbszweige, für welche die Innung errichtet ist;
2. die Aufgaben der Innung sowie die dauernden Einrichtungen zur Erfüllung dieser Aufgaben, insbesondere hinsichtlich der Regelung des Lehrlingswesens;
3. Aufnahme, Austritt und Ausschließung der Mitglieder;
4. die Rechte und Pflichten der Mitglieder, insbesondere den Maßstab, nach welchem die Mitgliederbeiträge erhoben werden;
5. die Bildung des Vorstandes, den Umfang seiner Befugnisse und die Formen seiner Geschäftsführung;
6. die Zusammensetzung und Berufung der Innungsversammlung, das Stimmrecht in derselben, die Art der Beschlußfassung und, sofern die Innungsversammlung aus Vertretern besteht (§. 92 Abs. 3), die Zahl und die Wahl der Vertreter;
7. die Beurkundung der Beschlüsse der Innungsversammlung und des Vorstandes;
8. die Aufstellung und Prüfung der Jahresrechnung;
9. die Bildung und die Geschäftsführung des Gesellenausschusses;
10. die Ueberwachung der Beobachtung der für die Beschäftigung der Gesellen (Gehülfen), Lehrlinge und Arbeiter, den Besuch der Fortbildungs- oder

Fachschule und die Regelung des Lehrlingswesens erlassenen Bestimmungen;

11. die Bildung des Organs und das Verfahren zur Entscheidung der im §. 81a Ziffer 4 bezeichneten Streitigkeiten;
12. die Voraussetzungen und die Form der Verhängung von Ordnungsstrafen;
13. die Voraussetzungen und die Form einer Abänderung des Statuts und den Erlaß und die Abänderung der Nebenstatuten;
14. die Voraussetzungen und die Form der Auflösung der Innung;
15. die öffentlichen Blätter, in welchen die Bekanntmachungen der Innung zu erfolgen haben.

Das Statut darf keine Bestimmung enthalten, welche mit den in diesem Gesetze bezeichneten Aufgaben der Innung nicht in Verbindung steht oder gesetzlichen Vorschriften zuwiderläuft.

Bestimmungen über Einrichtungen zur Erfüllung der im §. 81b Ziffer 3, 4 und 5 bezeichneten Aufgaben dürfen nicht in das Innungsstatut aufgenommen werden.

84. Das Innungsstatut bedarf der Genehmigung durch die höhere Verwaltungsbehörde desjenigen Bezirkes, in welchem die Innung ihren Sitz nimmt. Die Einreichung geschieht durch die Aufsichtsbehörde (§. 96).

Die Genehmigung ist zu versagen:

1. wenn das Innungsstatut den gesetzlichen Anforderungen nicht entspricht;
2. wenn die durch das Innungsstatut vorgesehene

Begrenzung des Innungsbezirkes die nach §. 82 Abs. 1 oder Abs. 2 erforderliche Genehmigung nicht erhalten hat.

Außerdem darf die Genehmigung nur versagt werden, wenn in dem durch das Innungsstatut vorgesehenen Innungsbezirke für die gleichen Gewerbe eine Innung bereits besteht.

In dem die Genehmigung versagenden Bescheide sind die Gründe anzugeben; gegen denselben findet der Rekurs statt; wegen des Verfahrens und der Behörden gelten die Vorschriften der §§. 20 und 21, soweit nicht landesgesetzlich das Verfahren in streitigen Verwaltungssachen Platz greift.

Abänderungen des Innungsstatuts unterliegen den gleichen Vorschriften.

85. Soll in der Innung eine Einrichtung der im §. 81b Ziffer 3, 4 und 5 vorgesehenen Art getroffen werden, so sind die dafür erforderlichen Bestimmungen in Nebenstatuten zusammenzufassen. Dieselben bedürfen der Genehmigung der höheren Verwaltungsbehörde. Vor der Genehmigung ist die Gemeindebehörde des Ortes, an welchem die Innung ihren Sitz hat, sowie die Aufsichtsbehörde zu hören. Die Genehmigung kann nach Ermessen unter Angabe der Gründe versagt werden. Gegen die Verfügung der höheren Verwaltungsbehörde steht den Betheiligten binnen vier Wochen die Beschwerde an die Landes-Zentralbehörde zu. Abänderungen der Nebenstatuten unterliegen den gleichen Vorschriften.

Ueber die Einnahmen und Ausgaben der im §. 81b

Ziffer 3 und 5 bezeichneten Einrichtungen ist getrennt Rechnung zu führen und das hierfür bestimmte Vermögen gesondert von dem übrigen Innungsvermögen zu verwalten. Verwendungen für andere Zwecke dürfen aus demselben nicht gemacht werden. Die Gläubiger haben das Recht auf gesonderte Befriedigung aus dem getrennt verwalteten Vermögen.

86. Die Innungen können unter ihrem Namen Rechte erwerben und Verbindlichkeiten eingehen, vor Gericht klagen und verklagt werden. Für ihre Verbindlichkeiten haftet den Gläubigern nur ihr Vermögen.

87. Als Innungsmitglieder können nur aufgenommen werden:

1. diejenigen, welche ein Gewerbe, für welches die Innung errichtet ist, in dem Innungsbezirke selbständig betreiben;
2. diejenigen, welche in einem dem Gewerbe angehörenden Großbetrieb als Werkmeister oder in ähnlicher Stellung beschäftigt sind;
3. diejenigen, welche in dem Gewerbe als selbständige Gewerbetreibende oder als Werkmeister oder in ähnlicher Stellung thätig gewesen sind, diese Thätigkeit aber aufgegeben haben und eine andere gewerbliche Thätigkeit nicht ausüben;
4. die in landwirthschaftlichen oder gewerblichen Betrieben gegen Entgelt beschäftigten Handwerker.

Andere Personen können als Ehrenmitglieder aufgenommen werden.

Von der Ablegung einer Prüfung kann die Aufnahme

nur abhängig gemacht werden, wenn Art und Umfang derselben durch das Statut geregelt sind; die Prüfung darf nur den Nachweis der Befähigung zur selbständigen Ausführung der gewöhnlichen Arbeiten des Gewerbes bezwecken.

Ist die Aufnahme von der Zurücklegung einer Lehrlings- oder Gesellenzeit oder von der Ablegung einer Prüfung abhängig gemacht, so ist eine Ausnahme von der Erfüllung dieser Anforderungen nur unter bestimmten, im Statute festgestellten Voraussetzungen zulässig. Von einem Aufnahmesuchenden, welcher bereits vor einer anderen Innung desselben Gewerbes eine Aufnahmeprüfung bestanden hat, kann eine solche nicht nochmals verlangt werden.

Gewerbetreibenden, welche den gesetzlichen und statutarischen Anforderungen entsprechen, darf die Aufnahme in die Innung nicht versagt werden.

Von der Erfüllung der gesetzlichen und statutarischen Bedingungen kann zu Gunsten Einzelner nicht abgesehen werden.

87 a. Der Austritt aus der Innung ist, wenn das Innungsstatut eine vorherige Anzeige darüber nicht verlangt, am Schlusse jedes Rechnungsjahrs gestattet. Eine Anzeige über den Austritt kann frühestens sechs Monate vor dem letzteren verlangt werden.

Ausscheidende Mitglieder verlieren alle Ansprüche an das Innungsvermögen und, soweit nicht statutarisch abweichende Bestimmungen getroffen sind, an die von der Innung errichteten Nebenkassen; sie bleiben zur Zahlung derjenigen Beiträge verpflichtet, deren Umlegung am Tage ihres Austritts bereits erfolgt war. Vertragsmäßige Verbindlichkeiten, welche sie der Innung gegenüber eingegangen sind, werden durch den Austritt nicht berührt.

Wird nach dem Tode eines Innungsmitglieds dessen Gewerbe für Rechnung deren Wittwe oder minderjähriger Erben fortgesetzt, so gehen die Befugnisse und Obliegenheiten des Verstorbenen mit Ausnahme des Stimmrechts auf die Wittwe während des Wittwenstandes beziehungsweise auf die minderjährigen Erben für die Dauer der Minderjährigkeit über. Durch das Statut kann der Wittwe oder dem Stellvertreter das Stimmrecht eingeräumt werden.

88. Den Innungsmitgliedern darf die Verpflichtung zu Handlungen oder Unterlassungen, welche mit den Aufgaben der Innung in keiner Verbindung stehen, nicht auferlegt werden.

Zu anderen Zwecken als der Erfüllung der statutarisch oder durch das Gesetz bestimmten Aufgaben der Innung sowie der Deckung der Kosten der Innungsverwaltung dürfen weder Beiträge von den Innungsmitgliedern oder von den Gesellen derselben erhoben werden, noch Verwendungen aus dem Vermögen der Innung erfolgen.

Die Innungen sind befugt, für die Benutzung der von ihnen getroffenen Einrichtungen, Fachschulen, Herbergen, Arbeitsnachweis und dergleichen Gebühren zu erheben.

89. Die aus der Errichtung und der Thätigkeit der

Innung und ihres Gesellenausschusses (§. 95) erwachsenden Kosten sind, soweit sie aus den Erträgen des vorhandenen Vermögens oder aus sonstigen Einnahmen keine Deckung finden, von den Innungsmitgliedern aufzubringen.

Die Verpflichtung zur Zahlung von Beiträgen beginnt mit dem Anfange des auf den Eintritt folgenden Monats.

Die auf Grund des Statuts oder der Nebenstatuten umgelegten Beiträge sowie die für die Benutzung der Innungseinrichtungen zu entrichtenden Gebühren (§. 88 Abs. 3) werden auf Antrag des Innungsvorstandes auf dem für die Beitreibung der Gemeindeabgaben landesrechtlich vorgesehenen Wege zwangsweise eingezogen. Das Gleiche gilt für die Einziehung von Ordnungsstrafen (§. 92c).

Streitigkeiten wegen Entrichtung von Beiträgen und Gebühren entscheidet die Aufsichtsbehörde. Die Entscheidung kann binnen zwei Wochen durch Beschwerde bei der höheren Verwaltungsbehörde angefochten werden; diese entscheidet endgültig.

89a. Die Einnahmen und Ausgaben der Innung sind von allen ihren Zwecken fremden Vereinnahmungen und Verausgabungen getrennt festzustellen; ihre Bestände sind gesondert zu verwahren.

Die Bestände müssen in der durch die §§. 1807 und 1808 des Bürgerlichen Gesetzbuchs bezeichneten Weise angelegt werden. Sofern der Bezirk der Innung sich nicht über das Gebiet eines Bundesstaats hinaus erstreckt, kann die Anlegung auch in der nach Artikel 212 des

Einführungsgesetzes zum Bürgerlichen Gesetzbuche zugelassenen Weise erfolgen.

Zeitweilig verfügbare Gelder dürfen mit Genehmigung der Aufsichtsbehörde auch in anderer als der durch die §§. 1807 und 1808 des Bürgerlichen Gesetzbuchs bezeichneten Weise vorübergehend angelegt werden.

Ueber die Aufbewahrung von Werthpapieren trifft die Aufsichtsbehörde Bestimmung.

89b. Die Innung bedarf der Genehmigung der Aufsichtsbehörde bei:

1. dem Erwerbe, der Veräußerung oder der dinglichen Belastung von Grundeigenthum;
2. Anleihen, sofern ihr Betrag nicht nur zur vorübergehenden Aushülfe dient und aus den Ueberschüssen der laufenden Einnahmen über die Ausgaben einer Voranschlagsperiode zurückerstattet werden kann;
3. der Veräußerung von Gegenständen, welche einen geschichtlichen, wissenschaftlichen oder Kunstwerth haben.

90. Auf Innungs-Krankenkassen finden außer den Vorschriften des §. 73 des Krankenversicherungsgesetzes auch die §§. 34 bis 38, 45 Abs. 5, §. 47 Abs. 3 bis 6 des letzteren entsprechende Anwendung. Jedoch kann die Kassenverwaltung ausschließlich den Gesellen (Gehülfen) und Arbeitern übertragen, und unter der Voraussetzung, daß die Innungsmitglieder die Hälfte der Kassenbeiträge aus eigenen Mitteln bestreiten, beschlossen werden, daß der Vorsitzende sowie die Hälfte der Mitglieder des Vorstandes und der Generalversammlung von der Innung zu bestellen sind.

91. Die auf Grund des §. 81b Ziffer 4 errichteten Innungsschiedsgerichte müssen mindestens aus einem Vorsitzenden und zwei Beisitzern bestehen.

Die Beisitzer und deren Stellvertreter sind zur Hälfte aus den Innungsmitgliedern, zur Hälfte aus den bei ihnen beschäftigten Gesellen (Gehülfen) und Arbeitern zu entnehmen. Die ersteren sind von der Innungsversammlung, die letzteren von den Gesellen (Gehülfen) und Arbeitern zu wählen. Auf das Wahlrecht finden die Vorschriften der §§. 10, 13 Abs. 1, §. 14 Abs. 1 des Gewerbegerichtsgesetzes Anwendung.

Der Vorsitzende wird von der Aufsichtsbehörde bestimmt; er braucht der Innung nicht anzugehören.

Die Beisitzer erhalten für jede Sitzung, welcher sie beigewohnt haben, Vergütung der baaren Auslagen und eine Entschädigung für Zeitversäumniß; die Höhe der letzteren und der Betrag der dem Vorsitzenden zu gewährenden Vergütung sind im Nebenstatute festzusetzen.

Sind Wahlen nicht zu Stande gekommen, oder verweigern die Gewählten die Dienstleistung, so hat die Aufsichtsbehörde die Beisitzer aus der Zahl der wählbaren Innungsmitglieder, Gesellen (Gehülfen) und Arbeiter zu ernennen.

Die Anberaumung des ersten Termins soll innerhalb acht Tagen nach Eingang der Klage erfolgen und die Entscheidung nach Möglichkeit beschleunigt werden. Wird die achttägige Frist nicht innegehalten, so kann der Kläger verlangen, daß statt des Innungsschiedsgerichts an den Orten, wo Gewerbegerichte bestehen, diese und, wo solche nicht bestehen, die ordentlichen Gerichte entscheiden. Dies Verlangen ist dem darnach zuständigen Gewerbegericht oder ordentlichen Gericht und dem Innungsschiedsgerichte schriftlich mitzutheilen.

91 a. Erfolgt durch das Innungs-Schiedsgericht eine Verurtheilung auf Vornahme einer Handlung, so ist der Beklagte zugleich auf Antrag des Klägers für den Fall, daß die Handlung nicht binnen einer zu bestimmenden Frist vorgenommen wird, zur Zahlung einer nach dem Ermessen des Gerichts festzusetzenden Entschädigung zu verurtheilen. In diesem Falle ist die Zwangsvollstreckung gemäß §§. 887 und 888 der Civilprozeßordnung ausgeschlossen.

91 b. Die Entscheidungen der Innung (§. 81 a Ziffer 4) und der Innungsschiedsgerichte (§. 81 b Ziffer 4) sind schriftlich abzufassen; sie gehen in Rechtskraft über, wenn nicht binnen einer Nothfrist von einem Monat eine Partei Klage bei dem ordentlichen Gericht erhebt. Die Frist beginnt gegen eine bei der Verkündigung nicht anwesende Partei mit der Behändigung der Entscheidung.

Aus Vergleichen, welche nach Erhebung der Klage vor der Innung oder dem Innungsschiedsgerichte geschlossen sind, findet die Zwangsvollstreckung statt.

Die Entscheidungen können von Amtswegen für vorläufig vollstreckbar erklärt werden, wenn sie die in §. 3 Ziffer 1 des Gewerbegerichtsgesetzes bezeichneten Streitigkeiten betreffen, oder der Gegenstand der Verurtheilung an Geld oder Geldeswerth die Summe von einhundert Mark nicht übersteigt.

Die vorläufige Vollstreckbarkeit ist nicht auszusprechen, wenn glaubhaft gemacht wird, daß die Vollstreckung dem Schuldner einen nicht zu ersetzenden Nachtheil bringen würde; auch kann sie von einer vorläufigen Sicherheitsleistung abhängig gemacht werden.

Die Vollstreckung erfolgt, sofern die Partei dies beantragt, auf Ersuchen der Innung oder des Innungsschiedsgerichts durch die Polizeibehörde nach Maßgabe der Vorschriften über das Verwaltungszwangsverfahren; wo ein solches Verfahren nicht besteht, finden die Bestimmungen über die Zwangsvollstreckung in bürgerlichen Rechtsstreitigkeiten Anwendung. Ein unmittelbarer Zwang zur Vornahme einer Handlung ist nur im Falle des §. 127d zulässig.

Ist rechtzeitig Klage erhoben, so findet der §. 707 der Civilprozeßordnung entsprechende Anwendung.

92. Die Angelegenheiten der Innung werden von der Innungsversammlung und dem Vorstande wahrgenommen.

Zur Wahrnehmung einzelner Angelegenheiten können Ausschüsse gebildet werden.

Die Innungsversammlung besteht nach Bestimmung des Statuts entweder aus allen Innungsmitgliedern oder aus Vertretern, welche von jenen aus ihrer Mitte gewählt werden.

Der Vorstand wird von der Innungsversammlung auf bestimmte Zeit mittelst geheimer Wahl gewählt. Die

Wahl durch Zuruf ist zulässig, wenn Niemand widerspricht.

Die Wahlen der Vertreter und des Innungsvorstandes finden unter Leitung des Innungsvorstandes statt. Die erste Wahl nach Errichtung der Innung, sowie spätere Wahlen, bei denen ein Vorstand nicht vorhanden ist, werden von einem Beauftragten der Aufsichtsbehörde geleitet. Ueber die Wahlhandlung ist ein Protokoll aufzunehmen.

92a. Der Vorstand hat nach näherer Bestimmung des Statuts die laufende Verwaltung zu führen.

Er hat über jede Aenderung in seiner Zusammensetzung und über das Ergebniß jeder Wahl der Aufsichtsbehörde binnen einer Woche Anzeige zu erstatten. Ist die Anzeige nicht erfolgt, so kann die Aenderung dritten Personen nur dann entgegengehalten werden, wenn bewiesen wird, daß sie letzteren bekannt war.

92b. Die Innungen werden durch ihren Vorstand gerichtlich und außergerichtlich vertreten. Die Vertretung erstreckt sich auch auf diejenigen Geschäfte und Rechtshandlungen, für welche nach den Gesetzen eine Spezialvollmacht erforderlich ist. Durch das Statut kann einem Mitglied oder mehreren Mitgliedern des Vorstandes die Vertretung nach außen übertragen werden.

Zur Legitimation des Vorstandes genügt bei allen Rechtsgeschäften die Bescheinigung der Aufsichtsbehörde, daß die darin bezeichneten Personen zur Zeit den Vorstand bilden.

Die Mitglieder des Vorstandes haften für pflichtmäßige Verwaltung wie Vormünder ihren Mündeln.

92c. Der Vorstand ist berechtigt, über Innungsmitglieder bei Verstößen gegen statutarische Vorschriften Ordnungsstrafen, insbesondere Geldstrafen bis zum Betrage von zwanzig Mark zu verhängen. Ueber Beschwerden entscheidet die Aufsichtsbehörde. Der Betrag der Geldstrafen fließt in die Innungskasse.

93. Die Innungsversammlung beschließt über alle Angelegenheiten der Innung, deren Wahrnehmung nicht nach Vorschrift des Gesetzes oder des Statuts dem Vorstand obliegt.

Der Innungsversammlung muß vorbehalten bleiben:

1. die Feststellung des Haushaltsplans;
2. die Prüfung und Abnahme der Jahresrechnung;
3. die Bewilligung von Ausgaben, welche im Haushaltsplane nicht vorgesehen sind;
4. die Verfolgung von Ansprüchen, welche der Innung gegen Vorstandsmitglieder aus deren Amtsführung erwachsen, durch Beauftragte;
5. der Erlaß von Vorschriften zur näheren Regelung des Lehrlingswesens;
6. die Beschlußfassung über:
   a) den Erwerb, die Veräußerung oder die dingliche Belastung von Grundeigenthum;
   b) die Veräußerung von Gegenständen, welche einen geschichtlichen, wissenschaftlichen oder Kunstwerth haben;
   c) die Aufnahme von Anleihen;

7. die Wahl der Mitglieder der Organe zur Entscheidung der im §. 81 a Ziffer 4 und §. 81 b Ziffer 4 bezeichneten Streitigkeiten, soweit sie aus der Zahl der Innungsmitglieder zu entnehmen sind;
8. die Wahl der Mitglieder der Prüfungsausschüsse, soweit sie aus der Zahl der Innungsmitglieder zu entnehmen sind (§. 131 a);
9. die Beschlußfassung über Abänderung des Statuts sowie über Errichtung und Abänderung von Nebenstatuten;
10. die Beschlußfassung über die Auflösung der Innung.

93 a. Berechtigt zur Wahl der Vertreter zur Innungsversammlung und stimmberechtigt in der Innungsversammlung sind nur die volljährigen Innungsmitglieder mit Ausnahme derjenigen, welche sich nicht im Besitze der bürgerlichen Ehrenrechte befinden oder durch gerichtliche Anordnung in der Verfügung über ihr Vermögen beschränkt sind.

Wählbar zu Mitgliedern des Vorstandes und der Ausschüsse sowie zu Mitgliedern des im §. 83 Abs. 2 Ziffer 11 bezeichneten Organs sind nur solche wahlberechtigte Innungsmitglieder, welche zum Amte eines Schöffen fähig sind (§§. 31, 32 des Gerichtsverfassungsgesetzes).

Durch das Statut kann bestimmt werden, daß Innungsmitglieder, welche mit der Zahlung der Beiträge wiederholt im Rückstande geblieben sind, weder wahlberechtigt noch wählbar und von der Theilnahme an den Geschäften der Innung für gewisse Zeit ausgeschlossen sind.

In gleicher Weise kann bestimmt werden, daß Innungsmitglieder, welche sich nicht im Besitze der bürgerlichen Ehrenrechte befinden, oder durch gerichtliche Anordnung in der Verfügung über ihr Vermögen beschränkt sind, von der Theilnahme an den Geschäften der Innung ausgeschlossen sind.

94. Beschwerden gegen die Rechtsgültigkeit der Wahlen sind nur binnen vier Wochen nach der Wahl zulässig. Sie werden durch die Aufsichtsbehörde endgültig entschieden. Dieselbe hat auf erhobene Beschwerde Wahlen, welche gegen das Gesetz oder auf Grund des Gesetzes erlassene Wahlvorschriften verstoßen, für ungültig zu erklären.

94a. Die Mitglieder der Innungsvorstände, Prüfungsausschüsse und Gesellenausschüsse sowie der Organe zur Entscheidung der im §. 81a Ziffer 4 bezeichneten Streitigkeiten verwalten ihr Amt als Ehrenamt unentgeltlich, doch kann ihnen nach näherer Bestimmung des Statuts Ersatz baarer Auslagen und eine Entschädigung für Zeitversäumniß gewährt werden.

Die Annahme der Wahl kann nur aus Gründen verweigert werden, aus denen die Wahl zum Beisitzer eines Gewerbegerichts (§. 18 des Gewerbegerichtsgesetzes) abgelehnt werden kann. Ablehnungsgründe des Gewählten sind nur zu berücksichtigen, wenn sie binnen zwei Wochen, nachdem der Gewählte von seiner Wahl in Kenntniß gesetzt ist, schriftlich geltend gemacht werden. Ueber den Ablehnungsantrag entscheidet die Aufsichtsbehörde endgültig. Diese Bestimmungen finden auf die Mitglieder der Innungsschiedsgerichte entsprechende Anwendung.

94b. Mitglieder der Innungsvorstände, der Ausschüsse der Innungen, der Gesellenausschüsse sowie der Organe zur Entscheidung der im §. 81a Ziffer 4 und §. 81b Ziffer 4 bezeichneten Streitigkeiten, hinsichtlich deren Umstände eintreten oder bekannt werden, welche die Wählbarkeit ausschließen, haben aus dem Amte auszuscheiden. Im Falle der Weigerung erfolgt die Enthebung des Betheiligten vom Amte durch die Aufsichtsbehörde nach Anhörung des Betheiligten und der Körperschaft, welcher er angehört. Gegen die Verfügung der Aufsichtsbehörde ist binnen vier Wochen die Beschwerde zulässig. Die Entscheidung über die Beschwerde ist endgültig.

94c. Die Innungen sind befugt, durch Beauftragte die Befolgung der gesetzlichen und statutarischen Vorschriften in den zur Innung gehörigen Betrieben zu überwachen und von der Einrichtung der Betriebsräume und der für die Unterkunft der Lehrlinge bestimmten Räume Kenntniß zu nehmen.

Die Verpflichteten haben den als solchen legitimirten Beauftragten der betheiligten Innungen auf Erfordern während der Betriebszeit den Zutritt zu den Werkstätten und Unterkunftsräumen sowie zu den sonst in Betracht kommenden Räumlichkeiten zu gestatten und ihnen Auskunft über alle Gegenstände zu geben, welche für die Erfüllung ihres Auftrags von Bedeutung sind; sie können hierzu auf Antrag der Beauftragten von der Ortspolizeibehörde angehalten werden.

Namen und Wohnsitz der Beauftragten sind von der Innung der Aufsichtsbehörde anzuzeigen.

Die Beauftragten sind verpflichtet, den im §. 139b bezeichneten Beamten auf Erfordern über ihre Ueberwachungsthätigkeit und deren Ergebnisse Mittheilung zu machen.

Befürchtet der Betriebsunternehmer von der Besichtigung des Betriebs durch den Beauftragten der Innung eine Schädigung seiner Geschäftsinteressen, so kann er die Besichtigung durch einen anderen Sachverständigen beanspruchen. In diesem Falle hat er dem Vorstande der Innung, sobald er den Namen des Beauftragten erfährt, eine entsprechende Mittheilung zu machen und einige geeignete Personen zu bezeichnen, welche auf seine Kosten die erforderlichen Besichtigungen vorzunehmen und dem Vorstande die erforderliche Auskunft über die vorgefundenen Verhältnisse zu geben bereit sind. In Ermangelung einer Verständigung zwischen dem Betriebsunternehmer und dem Vorstand entscheidet auf Ansuchen des letzteren die Aufsichtsbehörde.

Auf Räume, welche Bestandtheile landwirthschaftlicher oder fabrikmäßiger Betriebe sind, finden die vorstehenden Bestimmungen keine Anwendung.

95. Die bei den Innungsmitgliedern beschäftigten Gesellen (Gehülfen) nehmen an der Erfüllung der Aufgaben der Innung und an ihrer Verwaltung Theil, soweit dies durch Gesetz oder Statut bestimmt ist. Sie wählen zu diesem Zwecke den Gesellenausschuß.

Der Gesellenausschuß ist bei der Regelung des Lehrlingswesens und bei der Gesellenprüfung sowie bei der Begründung und Verwaltung aller Einrichtungen zu betheiligen, für welche die Gesellen (Gehülfen) Beiträge entrichten oder eine besondere Mühewaltung übernehmen, oder welche zu ihrer Unterstützung bestimmt sind.

Die nähere Regelung dieser Betheiligung hat durch das Statut mit der Maßgabe zu erfolgen, daß

1. bei der Berathung und Beschlußfassung des Innungsvorstandes mindestens ein Mitglied des Gesellenausschusses mit vollem Stimmrechte zuzulassen ist;
2. bei der Berathung und Beschlußfassung der Innungsversammlung seine sämmtlichen Mitglieder mit vollem Stimmrechte zuzulassen sind;
3. bei der Verwaltung von Einrichtungen, für welche die Gesellen (Gehülfen) Aufwendungen zu machen haben, abgesehen von der Person des Vorsitzenden, Gesellen, welche vom Gesellenausschusse gewählt werden, in gleicher Zahl zu betheiligen sind wie die Innungsmitglieder.

Die Ausführung von Beschlüssen der Innungsversammlung in den im Abs. 2 bezeichneten Angelegenheiten darf nur mit Zustimmung des Gesellenausschusses erfolgen. Wird die Zustimmung versagt, so kann sie durch die Aufsichtsbehörde ergänzt werden.

95a. Zur Theilnahme an der Wahl des Gesellenausschusses sind die bei einem Innungsmitgliede beschäftigten volljährigen Gesellen (Gehülfen) berechtigt, welche sich im Besitze der bürgerlichen Ehrenrechte befinden.

Wählbar ist jeder wahlberechtigte Geselle, welcher zum Amte eines Schöffen fähig ist (§§. 31, 32 des Gerichtsverfassungsgesetzes).

Die Wahl zum Gesellenausschusse leitet ein Mitglied des Innungsvorstandes, wenn ein solches nicht vorhanden ist, ein Vertreter der Aufsichtsbehörde.

95 b. Für die Mitglieder des Gesellenausschusses sind Ersatzmänner zu wählen, welche für dieselben in Behinderungsfällen oder im Falle des Ausscheidens für den Rest der Wahlperiode in der Reihenfolge der Wahl einzutreten haben. Wird dessenungeachtet der Gesellenausschuß nicht vollzählig, so hat er sich für den Rest der Wahlzeit durch Zuwahl zu ergänzen.

95 c. Mitglieder des Gesellenausschusses behalten, auch wenn sie nicht mehr bei Innungsmitgliedern beschäftigt sind, solange sie im Bezirke der Innung verbleiben, die Mitgliedschaft noch während dreier Monate seit dem Austritt aus der Beschäftigung bei Innungsmitgliedern.

96. Die Innungen unterliegen der Aufsicht der unteren Verwaltungsbehörde, in deren Bezirke sie ihren Sitz haben.

Die Aufsichtsbehörde überwacht insbesondere die Befolgung der gesetzlichen und statutarischen Vorschriften und kann sie durch Androhung, Festsetzung und Vollstreckung von Ordnungsstrafen gegen die Inhaber der

Innungsämter, gegen die Innungsmitglieder und gegen deren Gesellen, soweit diese an den Geschäften der Innung Theil nehmen, erzwingen. Die Geldstrafen fließen in die Innungskasse.

Die Aufsichtsbehörde ist befugt, der Innung, wenn sie es unterläßt, ihr zustehende Ansprüche geltend zu machen, einen Vertreter zur gerichtlichen Verfolgung der Angelegenheit zu bestellen.

Sie entscheidet Streitigkeiten über die Aufnahme und Ausschließung der Mitglieder, über die Wahlen zu den Innungsämtern, sowie unbeschadet der Rechte Dritter über die Rechte und Pflichten der Inhaber dieser Aemter.

Sie hat das Recht, einen Vertreter zu den Prüfungen zu entsenden. Sie beruft und leitet die Innungsversammlung, wenn der Innungsvorstand dieselbe zu berufen sich weigert.

Ueber Abänderungen des Innungsstatuts oder der Nebenstatuten und über die Auflösung der Innung kann von der Innungsversammlung nur im Beisein eines Vertreters der Aufsichtsbehörde beschlossen werden.

Gegen die Anordnungen und Entscheidungen der Aufsichtsbehörde ist binnen vier Wochen die Beschwerde zulässig. Die Entscheidung über die Beschwerde ist endgültig.

97. Die Schließung einer Innung kann erfolgen:

1. wenn sich ergiebt, daß nach §. 84 die Genehmigung hätte versagt werden müssen und die erforderliche Aenderung des Statuts innerhalb einer zu setzenden Frist nicht bewirkt wird;

2. wenn die Innung wiederholter Aufforderung der Aufsichtsbehörde ungeachtet die Erfüllung der ihr durch §. 81a gesetzten Aufgaben vernachlässigt;
3. wenn die Innung sich gesetzwidriger Handlungen oder Unterlassungen schuldig macht, durch welche das Gemeinwohl gefährdet wird, oder wenn sie andere als die gesetzlich zulässigen Zwecke verfolgt;
4. wenn die Zahl ihrer Mitglieder so weit zurückgeht, daß die Erfüllung ihrer gesetzlichen Aufgaben dauernd gefährdet erscheint.

Die Schließung wird durch die höhere Verwaltungsbehörde ausgesprochen.

Gegen die die Schließung aussprechende Verfügung findet der Rekurs statt; wegen des Verfahrens und der Behörden gelten die Vorschriften der §§. 20 und 21, soweit nicht landesgesetzlich das Verfahren in streitigen Verwaltungssachen Platz greift.

Die Eröffnung des Konkursverfahrens über das Vermögen einer Innung hat die Schließung kraft Gesetzes zur Folge.

98. Bei der Auflösung einer Innung wird die Abwickelung der Geschäfte, sofern die Innungsversammlung nicht anderweitig beschließt, durch den Vorstand unter Aufsicht der Aufsichtsbehörde vollzogen. Genügt der Vorstand seiner Verpflichtung nicht, oder tritt die Schließung der Innung ein, so erfolgt die Abwickelung der Geschäfte durch die Aufsichtsbehörde oder Beauftragte derselben.

Von dem Zeitpunkte der Auflösung oder Schließung

ab bleiben die Innungsmitglieder noch für diejenigen Zahlungen verhaftet, zu welchen sie für den Fall eigenen Ausscheidens aus den Innungsverhältnissen verpflichtet sind.

Die höhere Verwaltungsbehörde ist befugt, den bisher mit der Innung verbunden gewesenen, nicht unter §. 73 des Krankenversicherungsgesetzes fallenden Unterstützungskassen nach der Auflösung oder Schließung der Innung Korporationsrechte zu verleihen; in diesem Falle verbleiben den Kassen ihre bisherigen Bestände.

98a. Das bei der Auflösung oder Schließung vorhandene Vermögen ist zunächst zur Berichtigung der vorhandenen Schulden und zur Erfüllung der sonstigen Verpflichtungen der Innung zu verwenden.

Eine Vertheilung des hiernach verbleibenden Reinvermögens unter die Mitglieder kann die Innung nur soweit beschließen, als dasselbe aus Beiträgen dieser Mitglieder entstanden ist. Keinem Anspruchsberechtigten darf mehr als der Gesammtbetrag der von ihm geleisteten Beiträge ausgezahlt werden.

Der Rest des Vermögens wird, sofern in dem Statut oder in den Landesgesetzen nicht ein Anderes ausdrücklich bestimmt ist, der Gemeinde, in welcher die Innung ihren Sitz hatte, zur Benutzung für gewerbliche Zwecke überwiesen.

Streitigkeiten zwischen der Gemeinde und der Innung, welche bei der Ausführung der vorstehenden Bestimmungen entstehen, entscheidet die höhere Verwaltungsbehörde.

99. Die Statuten und Nebenstatuten der Innungen, die Bescheinigung über die Legitimation der Vorstände, sowie die Ausfertigung der Vollmachten der Beauftragten sind kosten- und stempelfrei.

b) Zwangsinnungen.

100. Zur Wahrung der gemeinsamen gewerblichen Interessen der Handwerke gleicher oder verwandter Art ist durch die höhere Verwaltungsbehörde auf Antrag Betheiligter (§. 100f Abs. 1) anzuordnen, daß innerhalb eines bestimmten Bezirkes sämmtliche Gewerbetreibende, welche das gleiche Handwerk oder verwandte Handwerke ausüben, einer neu zu errichtenden Innung (Zwangsinnung) als Mitglieder anzugehören haben, wenn

1. die Mehrheit der betheiligten Gewerbetreibenden der Einführung des Beitrittszwanges zustimmt,
2. der Bezirk der Innung so abgegrenzt ist, daß kein Mitglied durch die Entfernung seines Wohnorts vom Sitze der Innung behindert wird, am Genossenschaftsleben Theil zu nehmen und die Innungseinrichtungen zu benutzen, und
3. die Zahl der im Bezirke vorhandenen betheiligten Handwerker zur Bildung einer leistungsfähigen Innung ausreicht.

Der Antrag kann auch darauf gerichtet werden, die im Abs. 1 bezeichnete Anordnung nur für diejenigen daselbst bezeichneten Gewerbetreibenden zu erlassen, welche der Regel nach Gesellen oder Lehrlinge halten.

Der Antrag kann von einer für das betreffende Handwerk bestehenden Innung oder von Handwerkern gestellt werden, welche zu einer neuen Innung zusammentreten wollen.

Ohne Herbeiführung einer Abstimmung (§. 100a) kann der Antrag abgelehnt werden, wenn die Antragsteller einen verhältnißmäßig nur kleinen Bruchtheil der betheiligten Handwerker bilden, oder ein gleicher Antrag bei einer innerhalb der letzten drei Jahre stattgefundenen Abstimmung von der Mehrheit der Betheiligten abgelehnt worden ist, oder durch andere Einrichtungen als diejenige einer Innung für die Wahrnehmung der gemeinsamen gewerblichen Interessen der betheiligten Handwerke ausreichende Fürsorge getroffen ist.

100a. Um festzustellen, ob die Mehrheit zustimmt (§. 100 Abs. 1 Ziffer 1), hat die höhere Verwaltungsbehörde die betheiligten Gewerbetreibenden durch ortsübliche Bekanntmachung oder besondere Mittheilung zu einer Aeußerung für oder gegen die Einführung des Beitrittszwanges aufzufordern. Bei der Abstimmung entscheidet die Mehrheit derjenigen, welche sich an derselben betheiligt haben.

100b. Die Verfügung, durch welche die im §. 100 Abs. 1 bezeichnete Anordnung getroffen wird, muß den Zeitpunkt des Eintritts ihrer Wirksamkeit bezeichnen und den Namen und den Sitz der Innung, die Abgrenzung ihres Bezirkes und die Bezeichnung derjenigen Gewerbe enthalten, für welche sie errichtet wird.

Die höhere Verwaltungsbehörde hat die Verfügung

durch das zu ihren amtlichen Bekanntmachungen bestimmte Blatt zu veröffentlichen.

Gegen den Erlaß der Anordnung oder deren Versagung steht den betheiligten Gewerbetreibenden binnen vier Wochen die Beschwerde an die Landes-Zentralbehörde zu, welche endgültig entscheidet. Die Frist läuft im Falle des Erlasses der Anordnung vom Tage der Veröffentlichung, im Falle der Versagung vom Tage der Eröffnung des Bescheids ab.

Nach Erlaß der Anordnung sind die für die gleichen Gewerbszweige bestehenden Innungen, deren Sitz sich im Bezirke der Zwangsinnung befindet, zu schließen.

Innungen, welche außer diesen noch andere Gewerbszweige umfassen, bleiben bestehen. Diejenigen Mitglieder, welche der Zwangsinnung anzugehören haben, scheiden kraft Gesetzes aus der bisherigen Innung aus.

100c. Auf Innungen, für welche die im §. 100 bezeichnete Anordnung getroffen ist, finden die Vorschriften der §§. 81a bis 99 mit den aus den §§. 100d bis 100u sich ergebenden Aenderungen Anwendung.

100d. Gegen die Versagung der Genehmigung des Innungsstatuts und seiner Abänderungen ist binnen vier Wochen die Beschwerde an die Landes-Zentralbehörde zulässig; diese entscheidet endgültig.

Wird die Genehmigung des Statuts wiederholt versagt, so hat die höhere Verwaltungsbehörde dasselbe mit rechtsverbindlicher Kraft zu erlassen.

Ergiebt sich, daß dem Statut oder seinen Abänderungen die Genehmigung hätte versagt werden müssen, so hat die höhere Verwaltungsbehörde die erforderliche Abänderung anzuordnen; der die Abänderung anordnende Bescheid kann auf dem im Abs. 1 bezeichneten Wege angefochten werden. Unterläßt die Innung, die endgültig angeordnete Abänderung zu beschließen, so hat die Aufsichtsbehörde die Beschlußfassung anzuordnen und, falls dieser Anordnung keine Folge gegeben wird, die erforderliche Abänderung des Statuts von Amtswegen mit rechtsverbindlicher Wirkung zu vollziehen.

100e. Das Statut ist in geeigneter Weise zur Kenntniß der Betheiligten zu bringen.

100f. Als Mitglieder gehören der Innung alle diejenigen an, welche das Gewerbe, wofür die Innung errichtet ist, als stehendes Gewerbe selbständig betreiben. Ausgenommen sind:

1. diejenigen, welche das Gewerbe fabrikmäßig betreiben;
2. im Falle die im §. 100 Abs. 1 bezeichnete Anordnung nur für solche Gewerbetreibende getroffen worden ist, welche der Regel nach Gesellen oder Lehrlinge halten, diejenigen, welche der Regel nach weder Gesellen noch Lehrlinge halten.

Inwieweit Handwerker, welche in landwirthschaftlichen oder gewerblichen Betrieben gegen Entgelt beschäftigt sind und der Regel nach Gesellen oder Lehrlinge halten, sowie Hausgewerbetreibende der Innung anzugehören haben, wird mit Genehmigung der höheren Verwaltungsbehörde durch das Statut bestimmt. Vor der Genehmigung ist den bezeichneten Personen Gelegenheit zur Aeußerung zu geben.

Gewerbetreibende, welche mehrere Gewerbe betreiben, gehören derjenigen Innung als Mitglieder an, welche für das hauptsächlich von ihnen betriebene Gewerbe errichtet ist.

Die Mitgliedschaft beginnt für diejenigen, welche zur Zeit der Errichtung der Innung das Gewerbe betreiben, mit diesem Zeitpunkte, für diejenigen, welche den Betrieb des Gewerbes später beginnen, mit dem Zeitpunkte der Eröffnung des Betriebs.

100g. Berechtigt, der für ihr Gewerbe errichteten Innung für ihre Person beizutreten, sind:

1. die im §. 87 Abs. 1 Ziffer 2 und 3 bezeichneten Personen sowie die in landwirthschaftlichen oder gewerblichen Betrieben gegen Entgelt beschäftigten Handwerker, welche der Regel nach weder Gesellen noch Lehrlinge halten;
2. mit Zustimmung der Innungsversammlung diejenigen, welche das Gewerbe fabrikmäßig betreiben;
3. in dem Falle des §. 100f Abs. 1 Ziffer 2 diejenigen Gewerbetreibenden, welche der Regel nach weder Gesellen noch Lehrlinge halten.

Die nähere Regelung der Rechte dieser Personen erfolgt durch das Statut.

Diesen Personen ist der Austritt aus der Innung am Schlusse jedes Rechnungsjahrs gestattet. Eine vorherige

Anzeige kann frühestens sechs Monate vor dem Austritte verlangt werden.

100h. Streitigkeiten darüber, ob Jemand der Innung als Mitglied angehört, sowie darüber, ob Jemand der Innung beizutreten berechtigt ist, entscheidet die Aufsichtsbehörde. Die Entscheidung kann binnen zwei Wochen durch Beschwerde bei der höheren Verwaltungsbehörde angefochten werden; diese entscheidet endgültig.

100i. Die durch Errichtung der Innung erwachsenden Kosten sind auf Antrag der Betheiligten von der Landes-Zentralbehörde vorzuschießen.

100k. Wird in Folge der Errichtung einer Zwangsinnung eine Innung geschlossen (§. 100b Abs. 4), so geht das Vermögen dieser Innung, vorbehaltlich der Bestimmungen der §§. 100l bis 100n, mit Rechten und Pflichten auf die Zwangsinnung mit der Maßgabe über, daß die letztere die daran zu machenden Forderungen nur soweit zu vertreten hat, als das Vermögen reicht.

Scheidet in Folge der Errichtung einer Zwangsinnung aus einer bestehenden Innung ein Theil der Mitglieder aus (§. 100b Abs. 5), so ist der Zwangsinnung ein entsprechender Theil des Vermögens zu überweisen. Dabei ist das Verhältniß der Zahl der ausscheidenden zu der Zahl der in der Innung verbleibenden Mitglieder zu berücksichtigen. Kommt hierüber eine Einigung unter den Innungen nicht zu Stande, so entscheidet die höhere Verwaltungsbehörde, welcher die bestehende Innung untersteht. Gegen die Entscheidung steht den Betheiligten binnen vier Wochen die Beschwerde an die Landes-Zentral-behörde zu. Diese entscheidet endgültig.

100l. Wird in Folge der Errichtung einer Zwangs-innung eine Innung geschlossen (§. 100b Abs. 4), mit welcher eine Innungs-Krankenkasse (§. 73 des Kranken-versicherungsgesetzes) verbunden ist, so geht die letztere mit ihren Rechten und Verbindlichkeiten auf die Zwangs-innung über.

Die Innungs-Krankenkasse kann jedoch von der höheren Verwaltungsbehörde geschlossen werden, wenn die Zwangs-innung einen anderen Bezirk oder andere Gewerbszweige umfaßt als diejenige Innung, für welche die Innungs-Krankenkasse errichtet war, oder in Folge der Errichtung der Zwangsinnung mehrere Innungen geschlossen werden, mit welchen Innungs-Krankenkassen verbunden sind. Gegen die Verfügung, durch welche die Kasse geschlossen wird, ist binnen vier Wochen die Beschwerde an die Landes-Zentralbehörde zulässig; diese entscheidet endgültig.

Wenn die Innungs-Krankenkasse auf die Zwangs-innung übergegangen ist, so werden die erforderlichen Ab-änderungen des Kassenstatuts bis zur anderweiten Be-schlußfassung der Innungsversammlung von der höheren Verwaltungsbehörde mit rechtsverbindlicher Kraft voll-zogen. So lange diese Abänderungen nicht vollzogen sind, haben die bisherigen Kassenorgane die Verwaltung fortzuführen.

Sind mit der Innung, welche in Folge der Errichtung einer Zwangsinnung geschlossen wird, sonstige Unter-stützungskassen verbunden, so finden die §§. 98 und 98a

Anwendung. Sofern nicht statutarische oder landesgesetzliche Bestimmungen entgegenstehen, kann die Zwangsinnung mit Zustimmung der Vertretung der Unterstützungskasse diese Kasse mit allen Rechten und Verbindlichkeiten übernehmen. In letzterem Falle bleiben die bisherigen Mitglieder dieser Kasse berechtigt, ihnen anzugehören, auch wenn sie der Zwangsinnung nicht angehören.

100m. Scheidet in Folge der Errichtung einer Zwangsinnung aus einer bestehenden Innung, mit welcher eine Innungs-Krankenkasse (§. 73 des Krankenversicherungsgesetzes) verbunden ist, ein Theil der Mitglieder aus (§. 100b Abs. 5), so kann, wenn eine anderweite Einigung unter den Betheiligten nicht zu Stande kommt, derjenigen Krankenkasse oder Gemeinde-Krankenversicherung, welcher die bei den Ausscheidenden beschäftigten Personen künftig anzugehören haben, ein entsprechender Theil des Vermögens durch die höhere Verwaltungsbehörde überwiesen werden; dabei ist das Verhältniß der Zahl der Ausscheidenden zu der Zahl der in der Innung verbleibenden Mitglieder zu berücksichtigen. Gegen die Entscheidung steht den Betheiligten binnen vier Wochen die Beschwerde an die Landes-Zentralbehörde zu; diese entscheidet endgültig. Sonstigen Unterstützungskassen können die aus der Innung ausscheidenden Mitglieder auch ferner angehören.

100n. Zur Theilnahme an Unterstützungskassen, auf welche die Vorschriften des §. 73 des Krankenversicherungsgesetzes keine Anwendung finden, dürfen Innungsmitglieder gegen ihren Willen nicht verpflichtet werden.

Gemeinsame Geschäftsbetriebe (§. 81 b Ziffer 5) dürfen von der Innung nicht errichtet werden; dagegen ist dieselbe befugt, Veranstaltungen zur Förderung der gemeinsamen, gewerblichen und wirthschaftlichen Interessen ihrer Mitglieder, wie die Errichtung von Vorschußkassen, gemeinsamen Ein- und Verkaufsgeschäften und dergleichen anzuregen und durch Aufwendungen aus dem angesammelten Vermögen zu unterstützen. Beiträge dürfen zu diesem Zwecke nicht erhoben werden.

Werden bei der Errichtung einer Zwangsinnung gemeinschaftliche Geschäftsbetriebe einer nach §. 100 b Abs. 4 geschlossenen Innung binnen sechs Monaten nach der Veröffentlichung der im §. 100 Abs. 1 bezeichneten Anordnung in Erwerbs- und Wirthschaftsgenossenschaften nach Maßgabe des Gesetzes vom 1. Mai 1889 (Reichs-Gesetzbl. S. 55 ff.) umgewandelt, so geht der für sie ausgesonderte Theil des Innungsvermögens auf die Genossenschaften mit Rechten und Pflichten über. Gemeinsame Geschäftsbetriebe, deren Erhaltung im öffentlichen Interesse wünschenswerth ist, können von der Zwangsinnung mit Genehmigung der höheren Verwaltungsbehörde beibehalten werden. Im Uebrigen sind solche Betriebe durch die höhere Verwaltungsbehörde aufzulösen; mit dem Vermögen ist nach Maßgabe der statutarischen Vorschriften zu verfahren.

100 o. Die Innung hat über den zur Erfüllung ihrer gesetzlichen und statutarischen Aufgaben erforderlichen

Kostenaufwand alljährlich einen Haushaltsplan aufzustellen. Der Haushaltsplan ist der Aufsichtsbehörde einzureichen. Dasselbe gilt von Beschlüssen über Aufwendungen für solche Zwecke, welche im Haushaltsplane nicht vorgesehen sind. Wird dem Haushaltsplan oder den bezeichneten Beschlüssen von einem Viertel der Innungsmitglieder widersprochen, so ist die Entscheidung der Aufsichtsbehörde einzuholen.

Die Jahresrechnungen sind der Aufsichtsbehörde einzureichen.

100p. Die von der Innung gemäß §. 93 Abs. 2 Ziffer 5 erlassenen Vorschriften zur näheren Regelung des Lehrlingswesens bedürfen der Genehmigung der höheren Verwaltungsbehörde. Diese hat vor der Beschlußfassung die Handwerkskammer zu hören.

100q. Die Innung darf ihre Mitglieder in der Festsetzung der Preise ihrer Waaren oder Leistungen oder in der Annahme von Kunden nicht beschränken.

Entgegenstehende Beschlüsse sind ungültig.

100r. Von den Mitgliedern des Vorstandes und der Ausschüsse müssen mindestens zwei Drittel das Recht zur Anleitung von Lehrlingen besitzen und der Regel nach Gesellen (Gehülfen) oder Lehrlinge beschäftigen. Die Mitglieder derjenigen Ausschüsse, welchen die Fürsorge für die Durchführung der auf die Regelung des Lehrlingswesens bezüglichen Bestimmungen obliegt, müssen sämmtlich diesen Anforderungen genügen.

Zur Theilnahme an den Geschäften der Innung, welche die Regelung des Lehrlingswesens und die Durchführung der hierüber erlassenen Bestimmungen zum Gegenstande haben, können nur solche Gesellen (Gehülfen) herangezogen werden, welche den Anforderungen des §. 129 entsprechen, jedoch auch dann, wenn sie das vierundzwanzigste Lebensjahr noch nicht vollendet haben. Während der ersten sechs Jahre nach dem Inkrafttreten dieser Bestimmungen können auch Gesellen (Gehülfen), welche diesen Anforderungen nicht entsprechen, gewählt werden, wenn sie eine Lehrzeit von mindestens zwei Jahren zurückgelegt haben.

100s. Für die Aufbringung der aus der Errichtung und Thätigkeit der Innung und des Gesellenausschusses erwachsenden Kosten (§. 89) ist der Beitragsfuß in der Weise im Statute festzusetzen, daß die Heranziehung der einzelnen Betriebe unter Berücksichtigung ihrer Leistungsfähigkeit zu erfolgen hat. Wo eine Gewerbesteuer erhoben wird, kann die Landes-Zentralbehörde genehmigen, daß die Beiträge durch Zuschläge zu dieser Steuer erhoben werden.

Durch Statut kann bestimmt werden, daß Innungsmitglieder, welche der Regel nach weder Gesellen noch Lehrlinge beschäftigen, von der Verpflichtung zur Zahlung von Beiträgen befreit oder mit geringeren Beiträgen, und Personen, welche der Innung freiwillig beitreten, nach festen Sätzen zu Beiträgen heranzuziehen sind.

Gewerbetreibende, welche neben dem Handwerke, hinsichtlich dessen sie der Innung angehören, noch ein anderes Handwerk oder ein Handelsgeschäft betreiben, sind zu den Beiträgen an die Innung nur nach dem Verhältnisse der Einnahmen aus dem zu der Innung gehörenden Handwerksbetrieb, und soweit die Beiträge durch Zuschläge zu der Gewerbesteuer erhoben werden, nur nach dem Verhältnisse der auf diesen Handwerksbetrieb treffenden Steuer heranzuziehen.

Den Gewerbesteuern im Sinne der Abs. 1, 3 stehen die Steuern auf das Einkommen aus Gewerben gleich.

Eintrittsgelder dürfen nicht erhoben werden.

Die Erhebung von Gebühren für die Benutzung der von der Innung getroffenen Einrichtungen (§. 88 Abs. 3) unterliegt der Genehmigung der Aufsichtsbehörde.

100t. Die im §. 100 Abs. 1 bezeichnete Anordnung ist von der höheren Verwaltungsbehörde zurückzunehmen, wenn dies auf Grund eines Beschlusses der Innungsversammlung beantragt wird. Zur Gültigkeit dieses Beschlusses ist erforderlich:

1. daß er von einem Viertel derjenigen Innungsmitglieder, welche der Innung anzugehören verpflichtet sind, bei dem Vorstande beantragt worden ist,
2. daß die Einladung zu der Innungsversammlung, in der die Abstimmung über den Antrag erfolgen soll, mindestens vier Wochen vorher ordnungsmäßig ergangen ist,
3. daß drei Viertel der in Ziffer 1 bezeichneten Innungsmitglieder dem Antrage zustimmen.

Waren in der Innungsversammlung, in welcher die

Abstimmung über den Antrag erfolgen soll, weniger als drei Viertel der im Abs. 1 Ziffer 1 bezeichneten Innungsmitglieder erschienen, so ist zur Abstimmung über den Antrag binnen vier Wochen eine zweite Innungsversammlung einzuberufen, in welcher die Zurücknahme von drei Viertel der im Abs. 1 Ziffer 1 bezeichneten und erschienenen Mitglieder beschlossen werden kann. Auf diese Folge ist bei der Einberufung hinzuweisen.

Wird die Zurücknahme der Anordnung auf Grund eines gültigen Beschlusses beantragt, so ist die Innung spätestens mit dem Ablaufe des Rechnungsjahrs von der höheren Verwaltungsbehörde zu schließen.

Auf die Schließung finden die Bestimmungen der §§. 98 und 98a mit der Maßgabe entsprechende Anwendung, daß eine Vertheilung von Reinvermögen unter die bisherigen Mitglieder unstatthaft ist, und der Rest des Vermögens nach Bestimmung der Aufsichtsbehörde entweder den bei der Innung bisher vorhandenen Unterstützungskassen oder einer freien Innung, welche für die an der bisherigen Zwangsinnung betheiligten Gewerbszweige errichtet wird, oder der Handwerkskammer zu überweisen ist. Die Handwerkskammer hat über das Vermögen in einer den bisherigen Zwecken am meisten entsprechenden Weise zu verfügen. Die Verfügung bedarf der Genehmigung der höheren Verwaltungsbehörde.

Gegen die Verfügung der höheren Verwaltungsbehörde ist binnen zwei Wochen die Beschwerde an die Landes-Zentralbehörde zulässig. Diese entscheidet endgültig.

Wird die Innung aus einem der im §. 97 bezeichneten Gründe geschlossen, so tritt die Anordnung außer Kraft.

100u. Die Ausdehnung einer Zwangsinnung auf einen größeren Bezirk oder auf andere als die bereits einbezogenen, verwandte Gewerbszweige oder auf die Handwerker, die der Regel nach weder Gesellen noch Lehrlinge halten, ist von der höheren Verwaltungsbehörde anzuordnen, wenn die Innungsversammlung sie beschließt, die Mehrheit der in die Innung einzubeziehenden Gewerbetreibenden zustimmt, und die im §. 100 Abs. 1 Ziffer 2 bezeichnete Voraussetzung im Falle dieser Ausdehnung noch zutrifft. Hierbei finden die §§. 100a, 100b, 100d, 100e, 100k bis 100n entsprechende Anwendung.

Die Ausscheidung eines Theiles des Bezirkes einer Zwangsinnung oder eines in diese einbezogenen Gewerbszweigs kann durch die höhere Verwaltungsbehörde verfügt werden, wenn die Ausscheidung zum Zwecke der Zuweisung der Auszuscheidenden zu einer anderen Zwangsinnung erfolgt, außerdem nur dann, wenn die Innungsversammlung oder die Mehrheit der auszuscheidenden Innungsmitglieder es beantragt. In letzterem Falle ist vor Erlaß der Verfügung die Innungsversammlung zu hören. Werden die Ausscheidenden Mitglieder einer anderen Innung, so finden hinsichtlich der vermögensrechtlichen Wirkungen der §. 100k Abs. 2 und der §. 100m entsprechende Anwendung.

Auf die nach Abs. 1 oder 2 ergehenden Verfügungen der höheren Verwaltungsbehörde finden die Bestimmungen des §. 100b entsprechende Anwendung. Die erforderlichen Abänderungen des Statuts können von der höheren Verwaltungsbehörde angeordnet werden. In diesem Falle findet §. 100d Abs. 3 Anwendung.

II. Innungsausschüsse.

101. Für alle oder mehrere derselben Aufsichtsbehörde unterstehende Innungen kann ein gemeinsamer Innungsausschuß gebildet werden. Diesem liegt die Vertretung der gemeinsamen Interessen der betheiligten Innungen ob. Außerdem können ihm Rechte und Pflichten der betheiligten Innungen übertragen werden.

Die Errichtung des Innungsausschusses erfolgt durch ein Statut, welches von den Innungsversammlungen der betheiligten Innungen zu beschließen ist. Das Statut bedarf der Genehmigung der höheren Verwaltungsbehörde. In dem die Genehmigung versagenden Bescheide sind die Gründe anzugeben. Gegen die Versagung kann binnen vier Wochen Beschwerde an die Landes-Zentralbehörde eingelegt werden. Abänderungen des Statuts unterliegen den gleichen Vorschriften.

Durch die Landes-Zentralbehörde kann dem Innungsausschusse die Fähigkeit beigelegt werden, unter seinem Namen Rechte zu erwerben, Verbindlichkeiten einzugehen, vor Gericht zu klagen und verklagt zu werden. In solchem Falle haftet den Gläubigern für alle Verbindlichkeiten des Innungsausschusses nur das Vermögen desselben.

Auf die Beaufsichtigung der Innungsausschüsse finden die Bestimmungen des §. 96 entsprechende Anwendung.

102. Die Schließung eines Innungsausschusses kann erfolgen, wenn der Ausschuß seinen statutarischen Verpflichtungen nicht nachkommt oder wenn er Beschlüsse faßt, welche über seine statutarischen Rechte hinausgehen.

Die Schließung wird durch die höhere Verwaltungsbehörde ausgesprochen.

Gegen die die Schließung aussprechende Verfügung findet der Rekurs statt. Wegen des Verfahrens und der Behörden gelten die entsprechenden Bestimmungen des §. 97 Abs. 3.

Die Eröffnung des Konkursverfahrens über das Vermögen eines Innungsausschusses hat die Schließung kraft Gesetzes zur Folge.

Vom Zeitpunkte der Auflösung oder Schließung eines Innungsausschusses ab bleiben die betheiligten Innungen noch für diejenigen Zahlungen verhaftet, zu welchen sie statutarisch für den Fall eigenen Ausscheidens aus dem Innungsausschusse verpflichtet sind.

Auf die Verwendung des Vermögens finden die Vorschriften des §. 98 Abs. 1 und des §. 98a entsprechende Anwendung.

Soweit das Statut nicht ein Anderes bestimmt, ist der Austritt aus dem Innungsausschusse jeder Innung mit Ablauf des Rechnungsjahrs gestattet, sofern die Anzeige des Austritts mindestens drei Monate vorher erfolgt.

III. Handwerkskammern.

103. Zur Vertretung der Interessen des Handwerkes **ihres Bezirkes sind Handwerkskammern zu errichten.**

Die Errichtung erfolgt durch eine Verfügung der Landes-Zentralbehörde, in welcher der Bezirk der Handwerkskammer zu bestimmen ist. Dabei kann die Bildung von Abtheilungen für einzelne Theile des Bezirkes oder für Gewerbegruppen angeordnet werden.

Durch Verfügung der Landes-Zentralbehörde kann der Bezirk der Handwerkskammer abgeändert werden. In diesem Falle hat eine Vermögensauseinandersetzung unter entsprechender Anwendung des §. 100k Abs. 2 zu erfolgen.

Mehrere Bundesstaaten können sich zur Errichtung gemeinsamer Handwerkskammern vereinigen. In diesem Falle sind die den Behörden übertragenen Befugnisse, soweit nicht eine anderweite Vereinbarung getroffen wird, von den Behörden desjenigen Bundesstaats wahrzunehmen, in welchem die Handwerkskammer ihren Sitz hat.

103a. Die Zahl der Mitglieder der Handwerkskammer wird durch das Statut bestimmt.

Für die Mitglieder sind Ersatzmänner zu wählen, welche für dieselben in Behinderungsfällen und im Falle des Ausscheidens für den Rest der Wahlperiode in der Reihenfolge der Wahl einzutreten haben.

Die Mitglieder werden gewählt:

1. von den Handwerkerinnungen, welche im Bezirke der Handwerkskammer ihren Sitz haben, aus der Zahl der Innungsmitglieder;
2. von denjenigen Gewerbevereinen und sonstigen Vereinigungen, welche die Förderung der gewerblichen Interessen des Handwerkes verfolgen, min-

destens zur Hälfte ihrer Mitglieder aus Handwerkern bestehen und im Bezirke der Handwerkskammer ihren Sitz haben, aus der Zahl ihrer Mitglieder, soweit denselben nach den Bestimmungen dieses Gesetzes die Wählbarkeit zusteht. Mitglieder, welche einer Innung angehören oder nicht Handwerker sind, dürfen an der Wahl nicht betheiligt werden.

Die Vertheilung der zu wählenden Mitglieder auf die Wahlkörper, sowie das Wahlverfahren werden durch die von der Landes-Zentralbehörde zu erlassende Wahlordnung geregelt.

103b. Wählbar sind nur solche Personen, welche

1. zum Amte eines Schöffen fähig sind (§§. 31, 32 des Gerichtsverfassungsgesetzes);
2. das 30. Lebensjahr zurückgelegt haben;
3. im Bezirke der Handwerkskammer ein Handwerk mindestens seit drei Jahren selbständig betreiben;
4. die Befugniß zur Anleitung von Lehrlingen besitzen.

103c. Die Wahlen zu den Handwerkskammern und ihren Organen erfolgen auf sechs Jahre. Alle drei Jahre scheidet die Hälfte der Gewählten aus; eine Wiederwahl ist zulässig.

Die Bestimmungen der §§. 94 bis 94b finden entsprechende Anwendung.

103d. Die Handwerkskammer kann sich nach näherer Bestimmung des Statuts bis zu einem Fünftel ihrer Mitgliederzahl durch Zuwahl von sachverständigen Personen ergänzen und zu ihren Verhandlungen Sachverständige mit berathender Stimme zuziehen.

Die Handwerkskammer ist berechtigt, aus ihrer Mitte Ausschüsse zu bilden und mit besonderen regelmäßigen oder vorübergehenden Aufgaben zu betrauen. Die Ausschüsse können zu ihren Verhandlungen Sachverständige mit berathender Stimme zuziehen.

103 e. Der Handwerkskammer liegt insbesondere ob:

1. die nähere Regelung des Lehrlingswesens;
2. die Durchführung der für das Lehrlingswesen geltenden Vorschriften zu überwachen;
3. die Staats- und Gemeindebehörden in der Förderung des Handwerkes durch thatsächliche Mittheilungen und Erstattung von Gutachten über Fragen zu unterstützen, welche die Verhältnisse des Handwerkes berühren;
4. Wünsche und Anträge, welche die Verhältnisse des Handwerkes berühren, zu berathen und den Behörden vorzulegen, sowie Jahresberichte über ihre die Verhältnisse des Handwerkes betreffenden Wahrnehmungen zu erstatten;
5. die Bildung von Prüfungsausschüssen zur Abnahme der Gesellenprüfung (§. 131 Abs. 2);
6. die Bildung von Ausschüssen zur Entscheidung über Beanstandungen von Beschlüssen der Prüfungsausschüsse (§. 132).

Die Handwerkskammer soll in allen wichtigen, die Gesammtinteressen des Handwerkes oder die Interessen einzelner Zweige desselben berührenden Angelegenheiten gehört werden.

Sie ist befugt, Veranstaltungen zur Förderung der gewerblichen, technischen und sittlichen Ausbildung der Meister, Gesellen (Gehülfen) und Lehrlinge zu treffen sowie Fachschulen zu errichten und zu unterstützen.

103f. Die Innungen und Innungsausschüsse sind verpflichtet, den von der Handwerkskammer innerhalb ihrer Zuständigkeit erlassenen Anordnungen Folge zu leisten.

Soweit die Bestimmungen des Statuts der Innungen und der Innungsausschüsse oder die von der Innungsversammlung zur näheren Regelung des Lehrlingswesens erlassenen Vorschriften (§. 93 Abs. 2 Ziffer 5) mit den Anordnungen, welche von der Handwerkskammer in Ausübung ihrer gesetzlichen Befugnisse getroffen werden, in Widerspruch treten, sind sie unverbindlich.

103g. Die Handwerkskammer hat aus ihrer Mitte einen Vorstand zu wählen, welchem nach näherer Bestimmung des Statuts die laufende Verwaltung und Geschäftsführung obliegt.

Auf den Vorstand finden die Bestimmungen des §. 92a Abs. 2 und des §. 92b entsprechende Anwendung.

Der Beschlußfassung der Gesammtheit der Handwerkskammer bleibt mindestens vorbehalten:

1. die Wahl des Vorstandes und der Ausschüsse;
2. die Feststellung des Haushaltsplans, die Prüfung und Abnahme der Jahresrechnung, die Bewilligung von Ausgaben, welche im Haushaltsplane nicht

vorgesehen sind, sowie die Aufnahme von Anleihen;

3. die Abgabe von Gutachten und Anbringung von Anträgen bei den Behörden und gesetzgebenden Körperschaften über Gegenstände, welche die Gesammtinteressen, insbesondere die Gesetzgebung über die Verhältnisse des Handwerkes, betreffen;
4. der Erlaß von Vorschriften zur Regelung des Lehrlingswesens;
5. die Wahl des Sekretärs. Soll die Anstellung für mehr als sechs Jahre erfolgen, so ist die Genehmigung der Aufsichtsbehörde erforderlich.

Die Vorschriften zur Regelung des Lehrlingswesens bedürfen der Genehmigung der Landes-Zentralbehörde und sind zu veröffentlichen.

103 h. Bei der Handwerkskammer ist von der Aufsichtsbehörde (§. 103 o) ein Kommissar zu bestellen. Derselbe ist zu jeder Sitzung der Handwerkskammer, ihres Vorstandes und der Ausschüsse einzuladen und muß auf Verlangen jederzeit gehört werden.

Der Kommissar kann jederzeit von den Schriftstücken der Handwerkskammer Einsicht nehmen, Gegenstände zur Berathung stellen und die Einberufung der Handwerkskammer und ihrer Organe verlangen. Er kann Beschlüsse der Handwerkskammer und ihrer Organe, welche deren Befugnisse überschreiten oder die Gesetze verletzen, mit aufschiebender Wirkung beanstanden; über die Beanstandung entscheidet nach Anhörung der Handwerkskammer oder ihrer Organe die Aufsichtsbehörde.

103 i. Bei der Handwerkskammer ist ein Gesellenausschuß zu bilden.

Die Zahl seiner Mitglieder und ihre Vertheilung auf die einzelnen Gesellenausschüsse des Bezirkes wird durch das Statut der Handwerkskammer bestimmt.

Für die Mitglieder sind Ersatzmänner zu wählen, welche für dieselben in Behinderungsfällen und im Falle des Ausscheidens für den Rest der Wahlzeit in der Reihenfolge ihrer Wahl einzutreten haben.

Die Mitglieder und Stellvertreter werden unter Leitung der Aufsichtsbehörde mittelst schriftlicher Abstimmung von den Gesellenausschüssen der Innungen gewählt.

Durch die Landes-Zentralbehörde kann angeordnet werden, daß und in welcher Zahl dem Gesellenausschuß auch Vertreter derjenigen Gesellen angehören sollen, welche von den nach §. 103 a Abs. 3 Ziffer 2 wahlberechtigten Mitgliedern der dort bezeichneten Gewerbevereine und sonstigen Vereinigungen beschäftigt werden. In diesem Falle ist von der Landes-Zentralbehörde auch die Wahl dieser Vertreter zu regeln.

Auf die Wahlberechtigung und die Wählbarkeit finden die Vorschriften des §. 95 a Abs. 1, 2 und des §. 95 c entsprechende Anwendung.

103 k. Der Gesellenausschuß muß mitwirken:

1. beim Erlasse von Vorschriften, welche die Regelung des Lehrlingswesens zum Gegenstande haben;
2. bei Abgabe von Gutachten und Erstattung von Berichten über Angelegenheiten, welche die Ver-

hältnisse der Gesellen (Gehülfen) und Lehrlinge berühren;

3. bei der Entscheidung über Beanstandungen von Beschlüssen der Prüfungsausschüsse (§. 132).

Mit dieser Maßgabe finden die Vorschriften des §. 95 Abs. 3 entsprechende Anwendung; im Falle der Ziffer 2 ist der Gesellenausschuß berechtigt, ein besonderes Gutachten abzugeben oder einen besonderen Bericht zu erstatten.

103 l. Die aus der Errichtung und Thätigkeit der Handwerkskammern erwachsenden Kosten werden, soweit sie nicht anderweit Deckung finden, von den Gemeinden des Handwerkskammerbezirkes nach näherer Bestimmung der höheren Verwaltungsbehörde getragen. Die Gemeinden sind ermächtigt, die auf sie entfallenden Antheile nach einem von der höheren Verwaltungsbehörde zu bestimmenden Vertheilungsmaßstab auf die einzelnen Handwerksbetriebe umzulegen. Werden Veranstaltungen der im §. 103 e Abs. 3 bezeichneten Art für einzelne Gewerbszweige getroffen, so können die hieraus entstehenden Kostenantheile von den Gemeinden nur auf solche Betriebe umgelegt werden, welche diesen Gewerbszweigen angehören.

Die Landes-Zentralbehörde kann bestimmen, daß die Kosten der Handwerkskammer von weiteren Kommunalverbänden statt von den Gemeinden aufgebracht werden. Die Kommunalverbände sind ermächtigt, die Kosten der auf Grund des §. 103 e Abs. 3 für einzelne Gewerbszweige getroffenen Veranstaltungen nach einem von der höheren Verwaltungsbehörde zu bestimmenden Vertheilungsmaßstab auf die diesen Gewerbszweigen angehörenden Handwerksbetriebe umzulegen.

Bei der Umlegung der Kosten kann bestimmt werden, daß Personen, welche der Regel nach weder Gesellen noch Lehrlinge halten, von der Verpflichtung zur Zahlung von Beiträgen befreit sind.

103m. Für die Handwerkskammer ist von der Landes-Zentralbehörde ein Statut zu erlassen. Ueber Abänderungen des Statuts beschließt die Handwerkskammer. Der Beschluß bedarf der Genehmigung der Landes-Zentralbehörde.

Das Statut muß Bestimmung treffen über:

1. Namen, Sitz und Bezirk der Handwerkskammer;
2. die Zahl der Mitglieder der Handwerkskammer;
3. die Ergänzung der Handwerkskammer durch Zuwahl;
4. die Form der Beschlußfassung;
5. die Wahl und die Befugnisse des Vorstandes;
6. die Form und die Voraussetzungen für die Zusammenberufung der Handwerkskammer und ihrer Organe;
7. die Beurkundung der Beschlüsse der Handwerkskammer und des Vorstandes;
8. die Aufstellung und Genehmigung des Haushaltsplans;
9. die Aufstellung und Abnahme der Jahresrechnung;
10. die Voraussetzungen und die Form einer Abänderung des Statuts;
11. die Bildung von Prüfungsausschüssen;

12. die öffentlichen Blätter, durch welche die Bekanntmachungen der Handwerkskammer zu erfolgen haben.

Die Vorschriften des §. 83 Abs. 3 und des §. 100d Abs. 3 finden entsprechende Anwendung.

Das Statut und seine Abänderungen sind in den Blättern bekannt zu machen, welche für die amtlichen Veröffentlichungen der höheren Verwaltungsbehörden bestimmt sind, über deren Bezirke sich der Bezirk der Handwerkskammer erstreckt.

103 n. Auf die Handwerkskammern finden die Bestimmungen der §§. 86, 88, 89 Abs. 3, 4, und der §§. 89 a, 89 b, 94 c, 99 entsprechende Anwendung.

Die Handwerkskammer ist befugt, Zuwiderhandlungen gegen die von ihr innerhalb ihrer Zuständigkeit erlassenen Vorschriften mit Geldstrafen bis zu zwanzig Mark zu bedrohen. Die Festsetzung dieser Geldstrafen erfolgt auf Antrag des Vorstandes oder eines Beauftragten (§. 94 c) der Handwerkskammer von der unteren Verwaltungsbehörde. Gegen die Festsetzung steht dem Verurtheilten binnen zwei Wochen die Beschwerde an die unmittelbar vorgesetzte Aufsichtsbehörde zu. Diese entscheidet endgültig.

Der Haushaltsplan der Handwerkskammer bedarf der Genehmigung der Aufsichtsbehörde.

Die durch die Errichtung der Handwerkskammer erwachsenden Kosten sind von der Landes-Zentralbehörde vorzuschießen.

103 o. Die Handwerkskammer unterliegt der Aufsicht der höheren Verwaltungsbehörde, in deren Bezirke sie ihren Sitz hat, soweit nicht im Falle der Ausdehnung des Handwerkskammerbezirkes über die Bezirke mehrerer höheren Verwaltungsbehörden durch die Landes-Zentralbehörde eine abweichende Bestimmung getroffen wird.

Die Vorschriften des §. 96 Abs. 2 bis 7 finden mit der Maßgabe entsprechende Anwendung, daß über Beschwerden gegen Anordnungen und Entscheidungen der Aufsichtsbehörde die Landes-Zentralbehörde entscheidet.

Wenn die Handwerkskammer wiederholter Aufforderung der Aufsichtsbehörde ungeachtet die Erfüllung ihrer Aufgaben vernachlässigt oder sich gesetzwidriger Handlungen oder Unterlassungen schuldig macht, durch welche das Gemeinwohl gefährdet wird, oder andere als die gesetzlich zulässigen Zwecke verfolgt, so kann die Aufsichtsbehörde sie auflösen und Neuwahlen anordnen. Von den bisherigen Mitgliedern kann gegen die Verfügung der Aufsichtsbehörde binnen zwei Wochen Beschwerde an die Landes-Zentralbehörde eingelegt werden, welche endgültig entscheidet.

103 p. Die Behörden sind innerhalb ihrer Zuständigkeit verpflichtet, den im Vollzuge dieses Gesetzes an sie ergehenden Ersuchen der Handwerkskammern und ihrer Organe zu entsprechen. Die gleiche Verpflichtung liegt den Organen der Handwerkskammern unter einander ob. Die höhere Verwaltungsbehörde kann bestimmen, inwieweit die durch die Erfüllung dieser Verpflichtung entstehenden Kosten von der Handwerkskammer als eigene Verwaltungskosten zu erstatten sind.

103q. Die Landes-Zentralbehörden derjenigen Bundesstaaten, in welchen andere gesetzliche Einrichtungen (Handels- und Gewerbekammern, Gewerbekammern) zur Vertretung der Interessen des Handwerkes vorhanden sind, können diesen Körperschaften die Wahrnehmung der Rechte und Pflichten der Handwerkskammer übertragen, wenn ihre Mitglieder, soweit sie mit der Vertretung der Interessen des Handwerkes betraut sind, aus Wahlen von Handwerkern des Kammerbezirkes hervorgehen und eine gesonderte Abstimmung der dem Handwerk angehörenden Mitglieder gesichert ist.

IV. Innungsverbände.

104. Innungen, welche nicht derselben Aufsichtsbehörde unterstehen, können zu Verbänden zusammentreten; der Beitritt ist durch die Innungsversammlung zu beschließen.

Die Innungsverbände haben die Aufgabe, zur Wahrnehmung der Interessen der in ihnen vertretenen Gewerbe die Innungen, Innungsausschüsse und Handwerkskammern in der Verfolgung ihrer gesetzlichen Aufgaben sowie die Behörden durch Vorschläge und Anregungen zu unterstützen; sie sind befugt, den Arbeitsnachweis zu regeln sowie Fachschulen zu errichten und zu unterstützen.

104a. Für den Innungsverband ist ein Statut zu errichten, welches Bestimmungen enthalten muß:

a) über Namen, Zweck und Bezirk des Verbandes;

b) über die Bedingungen der Aufnahme in den Verband und des Ausscheidens aus demselben;
c) über Bildung, Sitz und Befugnisse des Vorstandes;
d) über die Vertretung des Verbandes und ihre Befugnisse;
e) über die Beiträge zu den Ausgaben des Innungsverbandes;
f) über die Voraussetzungen und die Formen einer Abänderung des Statuts;
g) über die Voraussetzungen und die Formen einer Auflösung des Verbandes.

Durch Statut kann bestimmt werden, daß einzelne Gewerbetreibende dem Innungsverband ihres Gewerbes mit den Rechten und Pflichten der Mitglieder der ihm angehörenden Innungen beizutreten berechtigt sind.

Das Statut darf keine Bestimmung enthalten, welche mit den gesetzlichen Zwecken des Verbandes nicht in Verbindung steht oder gesetzlichen Vorschriften zuwiderläuft.

104 b. Das Verbandsstatut bedarf der Genehmigung, und zwar:

a) für Innungsverbände, deren Bezirk nicht über den Bezirk einer höheren Verwaltungsbehörde hinausgreift, durch die letztere;
b) für Innungsverbände, deren Bezirk in die Bezirke mehrerer höherer Verwaltungsbehörden desselben Bundesstaats sich erstreckt, durch die Landes-Zentralbehörde;

c) für Innungsverbände, deren Bezirk sich auf mehrere Bundesstaaten erstreckt, durch den Reichskanzler.

Die Genehmigung ist zu versagen:

1. wenn die Zwecke des Verbandes sich nicht in den gesetzlichen Grenzen halten;
2. wenn das Verbandsstatut den gesetzlichen Anforderungen nicht entspricht.

Außerdem darf die Genehmigung nur versagt werden, wenn die Zahl der dem Verbande beigetretenen Innungen nicht hinreichend erscheint, um die Zwecke des Verbandes wirksam zu verfolgen.

Gegen die Versagung der Genehmigung ist, sofern sie durch eine höhere Verwaltungsbehörde erfolgt, die Beschwerde zulässig.

Aenderungen des Statuts unterliegen den gleichen Vorschriften.

104 c. Der Verbandsvorstand hat alljährlich im Monat Januar ein Verzeichniß derjenigen Innungen, welche dem Verband angehören, der höheren Verwaltungsbehörde, in deren Bezirk er seinen Sitz hat, einzureichen.

Die Zusammensetzung des Vorstandes und Veränderungen in derselben sind dieser Behörde anzuzeigen. Eine gleiche Anzeige hat zu erfolgen, wenn der Sitz des Vorstandes an einen anderen Ort verlegt wird. Liegt letzterer nicht in dem Bezirke der vorbezeichneten Behörde, so ist die Anzeige an diese und an die höhere Verwaltungsbehörde, in deren Bezirke der Sitz verlegt wird, gleichzeitig zu richten.

104d. Versammlungen des Verbandsvorstandes und der Vertretung des Verbandes dürfen nur innerhalb des Verbandsbezirkes abgehalten werden.

Sie sind der höheren Verwaltungsbehörde, in deren Bezirke der Vorstand seinen Sitz hat, sowie der höheren Verwaltungsbehörde, in deren Bezirke die Versammlung abgehalten werden soll, unter Einreichung der Tagesordnung mindestens eine Woche vorher anzuzeigen. Der letzteren steht das Recht zu,

a) die Versammlung zu untersagen, wenn die Tagesordnung Gegenstände umfaßt, welche zu den Zwecken des Verbandes nicht in Beziehung stehen;

b) in die Versammlung einen Vertreter zu entsenden und durch diesen die Versammlung zu schließen, wenn die Verhandlungen auf Gegenstände sich erstrecken, welche zu den Zwecken des Verbandes nicht in Beziehung stehen, oder wenn Anträge oder Vorschläge erörtert werden, welche eine Aufforderung oder Anreizung zu strafbaren Handlungen enthalten.

104e. Die Verbandsvorstände sind befugt, in Betreff der Verhältnisse der in dem Verbande vertretenen Gewerbe an die für die Genehmigung des Verbandsstatuts zuständige Stelle Bericht zu erstatten und Anträge zu richten.

Sie sind verpflichtet, auf Erfordern dieser Stelle Gutachten über gewerbliche Fragen abzugeben.

104f. Die Innungsverbände können geschlossen werden:

1. wenn sich ergiebt, daß nach §. 104b Ziffer 1

und 2 die Genehmigung hätte versagt werden müssen und die erforderliche Aenderung des Statuts innerhalb einer zu setzenden Frist nicht bewirkt wird;

2. wenn den auf Grund des §. 104d erlassenen Verfügungen nicht Folge geleistet ist;
3. wenn der Verbandsvorstand oder die Vertretung des Verbandes sich gesetzwidriger Handlungen schuldig machen, welche das Gemeinwohl gefährden, oder wenn sie andere als die gesetzlich zulässigen Zwecke verfolgen.

Die Schließung erfolgt durch Beschluß der für die Genehmigung des Verbandsstatuts zuständigen Stelle.

Gegen den Beschluß der höheren Verwaltungsbehörde ist die Beschwerde zulässig.

104g. Durch Beschluß des Bundesraths kann Innungsverbänden die Fähigkeit beigelegt werden, unter ihren Namen Rechte zu erwerben, Verbindlichkeiten einzugehen, vor Gericht zu klagen oder verklagt zu werden. In solchem Falle haftet dem Gläubiger für alle Verbindlichkeiten des Innungsverbandes nur das Vermögen desselben.

Der Beschluß des Bundesraths ist durch den Reichsanzeiger zu veröffentlichen. Auf diejenigen Innungsverbände, welchen die gedachte Fähigkeit beigelegt ist, finden die Bestimmungen der §§. 104h bis 104n Anwendung.

104h. Der Innungsverband wird bei gerichtlichen wie bei außergerichtlichen Verhandlungen durch seinen Vorstand vertreten. Die Befugniß zur Vertretung erstreckt sich auch auf diejenigen Geschäfte und Rechtshandlungen, für welche nach den Gesetzen eine Spezialvollmacht erforderlich ist. Durch das Statut kann einem Mitglied oder mehreren Mitgliedern des Vorstandes die Vertretung des Innungsverbandes nach außen übertragen werden.

Zur Legitimation der Vertreter des Innungsverbandes genügt bei allen Rechtsgeschäften die Bescheinigung der höheren Verwaltungsbehörde, in deren Bezirke der Vorstand seinen Sitz hat, daß die bezeichneten Personen zur Vertretung des Verbandes befugt sind.

104 i. Der Innungsverband ist befugt, für die Mitglieder der ihm angeschlossenen Innungen und deren Angehörige zur Unterstützung in Fällen der Krankheit, des Todes, der Arbeitsunfähigkeit oder sonstiger Bedürftigkeit Kassen zu errichten. Die dafür erforderlichen Bestimmungen sind in Nebenstatuten zusammenzufassen, diese, sowie Abänderungen derselben bedürfen der Genehmigung durch den Reichskanzler.

Auf die von dem Innungsverband errichteten Unterstützungskassen finden dieselben Vorschriften Anwendung, welche für gleichartige von einer Zwangsinnung errichtete Kassen gelten.

104 k. Der Innungsverband unterliegt, vorbehaltlich der Vorschrift des §. 104 d, der Aufsicht der höheren Verwaltungsbehörde, in deren Bezirke der Vorstand seinen Sitz hat.

Die Aufsichtsbehörde überwacht die Befolgung der gesetzlichen und statutarischen Vorschriften und kann dieselben durch Androhung, Festsetzung und Vollstreckung von Ordnungsstrafen gegen die Inhaber der Aemter des Verbandes erzwingen.

Sie entscheidet Streitigkeiten über die Aufnahme und Ausschließung von Verbandsmitgliedern, die Beiträge zu den Ausgaben des Innungsverbandes, die Wahlen zu den Verbandsämtern sowie, unbeschadet der Rechte Dritter, über die Rechte und Pflichten der Inhaber derselben.

Der Aufsichtsbehörde ist jährlich ein Rechnungsabschluß nebst Vermögensausweis vorzulegen.

104l. Die Eröffnung des Konkursverfahrens über das Vermögen des Innungsverbandes hat die Schließung des letzteren kraft Gesetzes zur Folge. Der Vorstand des Innungsverbandes hat jedoch die während des Konkursverfahrens dem Gemeinschuldner zustehenden Rechte wahrzunehmen.

104m. Bei der statutmäßig beschlossenen Auflösung eines Innungsverbandes wird die Abwickelung der Geschäfte, sofern die Verbandsvertretung nicht anderweitig beschließt, durch den Vorstand unter Aufsicht der im §. 104k bezeichneten Behörde vollzogen. Genügt der Vorstand seiner Verpflichtung nicht oder tritt die Schließung auf Grund des §. 104f oder des §. 104l ein, so erfolgt die Abwickelung der Geschäfte durch einen Beauftragten der Aufsichtsbehörde.

Von dem Zeitpunkte der Auflösung oder Schließung ab bleiben die Verbandsmitglieder noch für diejenigen Zahlungen verhaftet, zu welchen sie statutarisch für den Fall eigenen Ausscheidens aus den Verbandsverhältnissen verpflichtet sind. Das Recht, diese Beiträge auszuschreiben und einzuziehen, steht dem mit Abwickelung der Geschäfte Beauftragten zu.

104 n. Im Falle der Auflösung oder Schließung des Innungsverbandes muß sein Vermögen zuvörderst zur Berichtigung seiner Schulden und zur Erfüllung seiner sonstigen Verbindlichkeiten verwendet werden. War dasselbe bisher ganz oder theilweise zur Fundirung von Unterrichtsanstalten oder zu anderen öffentlichen Zwecken bestimmt, so darf der nach Berichtigung der Schulden übrig bleibende Theil des Vermögens dieser Bestimmung nicht entzogen werden; über seine fernere Verwendung wird von der im §. 104 b Abs 1 bezeichneten Behörde Anordnung getroffen.

Bedarf es zum Fortbestande der von dem Innungsverband errichteten Unterrichtsanstalten oder Unterstützungskassen als selbständiger Anstalten der Genehmigung des Landesherrn oder einer Behörde des Staates, in welchem die fernere Verwaltung der Anstalt stattfinden soll, so hat die im vorstehenden Absatze bezeichnete Behörde diese Genehmigung herbeizuführen.

Das hiernach verbleibende Reinvermögen des Innungsverbandes wird, soweit die Verbandsvertretung nicht anders beschließt, unter die Innungen, welche dem Verbande zur Zeit der Auflösung oder Schließung angehört haben, nach dem Verhältnisse der von ihnen an den Verband in dem der Auflösung oder Schließung vorangegangenen Jahre geleisteten Beiträge vertheilt. Streitigkeiten hierüber werden von der im §. 104k bezeichneten Stelle endgültig entschieden.

Titel VII.

Gewerbliche Arbeiter (Gesellen, Gehülfen, Lehrlinge, Betriebsbeamte, Werkmeister, Techniker, Fabrikarbeiter).

I. Allgemeine Verhältnisse.

105. Die Festsetzung der Verhältnisse zwischen den selbständigen Gewerbetreibenden und den gewerblichen Arbeitern ist, vorbehaltlich der durch Reichsgesetz begründeten Beschränkungen, Gegenstand freier Uebereinkunft.

105a. Zum Arbeiten an Sonn- und Festtagen können die Gewerbetreibenden die Arbeiter nicht verpflichten. Arbeiten, welche nach den Bestimmungen dieses Gesetzes auch an Sonn- und Festtagen vorgenommen werden dürfen, fallen unter die vorstehende Bestimmung nicht.

Welche Tage als Festtage gelten, bestimmen unter Berücksichtigung der örtlichen und konfessionellen Verhältnisse die Landesregierungen.

105b. Im Betriebe von Bergwerken, Salinen, Aufbereitungsanstalten, Brüchen und Gruben, von Hüttenwerken, Fabriken und Werkstätten, von Zimmerplätzen und anderen Bauhöfen, von Werften und Ziegeleien sowie bei Bauten aller Art dürfen Arbeiter an Sonn- und Festtagen nicht beschäftigt werden. Die den Arbeitern zu gewährende Ruhe hat mindestens für jeden Sonn- und Festtag vierundzwanzig, für zwei aufeinander folgende

Sonn- und Festtage sechsunddreißig, für das Weihnachts-, Oster- und Pfingstfest achtundvierzig Stunden zu dauern. Die Ruhezeit ist von zwölf Uhr Nachts zu rechnen und muß bei zwei aufeinander folgenden Sonn- und Festtagen bis sechs Uhr Abends des zweiten Tages dauern. In Betrieben mit regelmäßiger Tag- und Nachtschicht kann die Ruhezeit frühestens um sechs Uhr Abends des vorhergehenden Werktags, spätestens um sechs Uhr Morgens des Sonn- oder Festtags beginnen, wenn für die auf den Beginn der Ruhezeit folgenden vierundzwanzig Stunden der Betrieb ruht.

Im Handelsgewerbe dürfen Gehülfen, Lehrlinge und Arbeiter am ersten Weihnachts-, Oster- und Pfingsttag überhaupt nicht, im Uebrigen an Sonn- und Festtagen nicht länger als fünf Stunden beschäftigt werden. Durch statutarische Bestimmung einer Gemeinde oder eines weiteren Kommunalverbandes (§. 142) kann diese Beschäftigung für alle oder einzelne Zweige des Handelsgewerbes auf kürzere Zeit eingeschränkt oder ganz untersagt werden. Für die letzten vier Wochen vor Weihnachten sowie für einzelne Sonn- und Festtage, an welchen örtliche Verhältnisse einen erweiterten Geschäftsverkehr erforderlich machen, kann die Polizeibehörde eine Vermehrung der Stunden, während welcher die Beschäftigung stattfinden darf, bis auf zehn Stunden zulassen. Die Stunden, während welcher die Beschäftigung stattfinden darf, werden unter Berücksichtigung der für den öffentlichen Gottesdienst bestimmten Zeit, sofern die Beschäftigungszeit durch statutarische Bestimmungen eingeschränkt worden ist, durch letztere, im Uebrigen von der Polizeibehörde festgestellt. Die Feststellung kann für verschiedene Zweige des Handelsgewerbes verschieden erfolgen.

Die Bestimmungen des Abs. 2 finden auf die Beschäftigung von Gehülfen, Lehrlingen und Arbeitern im Geschäftsbetriebe von Konsum- und anderen Vereinen entsprechende Anwendung.

105c. Die Bestimmungen des §. 105b finden keine Anwendung:

1. auf Arbeiten, welche in Nothfällen oder im öffentlichen Interesse unverzüglich vorgenommen werden müssen;
2. für einen Sonntag auf Arbeiten zur Durchführung einer gesetzlich vorgeschriebenen Inventur;
3. auf die Bewachung der Betriebsanlagen, auf Arbeiten zur Reinigung und Instandhaltung, durch welche der regelmäßige Fortgang des eigenen oder eines fremden Betriebs bedingt ist, sowie auf Arbeiten, von welchen die Wiederaufnahme des vollen werktägigen Betriebs abhängig ist, sofern nicht diese Arbeiten an Werktagen vorgenommen werden können;
4. auf Arbeiten, welche zur Verhütung des Verderbens von Rohstoffen oder des Mißlingens von Arbeitserzeugnissen erforderlich sind, sofern nicht diese Arbeiten an Werktagen vorgenommen werden können;
5. auf die Beaufsichtigung des Betriebs, soweit er

nach Ziffer 1 bis 4 an Sonn- und Festtagen stattfindet.

Gewerbetreibende, welche Arbeiter an Sonn- und Festtagen mit Arbeiten der unter Ziffer 1 bis 5 erwähnten Art beschäftigen, sind verpflichtet, ein Verzeichniß anzulegen, in welches für jeden einzelnen Sonn- und Festtag die Zahl der beschäftigten Arbeiter, die Dauer ihrer Beschäftigung sowie die Art der vorgenommenen Arbeiten einzutragen sind. Das Verzeichniß ist auf Erfordern der Ortspolizeibehörde sowie dem im §. 139b bezeichneten Beamten jederzeit zur Einsicht vorzulegen.

Bei den unter Ziffer 3 und 4 bezeichneten Arbeiten, sofern dieselben länger als drei Stunden dauern, oder die Arbeiter am Besuche des Gottesdienstes hindern, sind die Gewerbetreibenden verpflichtet, jeden Arbeiter entweder an jedem dritten Sonntage volle sechsunddreißig Stunden, oder an jedem zweiten Sonntage mindestens in der Zeit von sechs Uhr Morgens bis sechs Uhr Abends von der Arbeit frei zu lassen.

Ausnahmen von den Vorschriften des vorstehenden Absatzes darf die untere Verwaltungsbehörde gestatten, wenn die Arbeiter am Besuche des sonntäglichen Gottesdienstes nicht gehindert werden und ihnen an Stelle des Sonntags eine vierundzwanzigstündige Ruhezeit an einem Wochentage gewährt wird.

105 d. Für bestimmte Gewerbe, insbesondere für Betriebe, in denen Arbeiten vorkommen, welche ihrer Natur nach eine Unterbrechung oder einen Aufschub nicht gestatten, sowie für Betriebe, welche ihrer Natur nach auf bestimmte Jahreszeiten beschränkt sind, oder welche in gewissen Zeiten des Jahres zu einer außergewöhnlich verstärkten Thätigkeit genöthigt sind, können durch Beschluß des Bundesraths Ausnahmen von der Bestimmung des §. 105 b Abs. 1 zugelassen werden.

Die Regelung der an Sonn- und Festtagen in diesen Betrieben gestatteten Arbeiten und der Bedingungen, unter welchen sie gestattet sind, erfolgt für alle Betriebe derselben Art gleichmäßig und unter Berücksichtigung der Bestimmung des §. 105 c Abs. 3.

Die vom Bundesrathe getroffenen Bestimmungen sind durch das Reichs-Gesetzblatt zu veröffentlichen und dem Reichstage bei seinem nächsten Zusammentritte zur Kenntnißnahme vorzulegen.

105 e. Für Gewerbe, deren vollständige oder theilweise Ausübung an Sonn- und Festtagen zur Befriedigung täglicher oder an diesen Tagen besonders hervortretender Bedürfnisse der Bevölkerung erforderlich ist, sowie für Betriebe, welche ausschließlich oder vorwiegend mit durch Wind oder unregelmäßige Wasserkraft bewegten Triebwerken arbeiten, können durch Verfügung der höheren Verwaltungsbehörde Ausnahmen von den im §. 105 b getroffenen Bestimmungen zugelassen werden. Die Regelung dieser Ausnahmen hat unter Berücksichtigung der Bestimmungen des §. 105 c Abs. 3 zu erfolgen.

Der Bundesrath trifft über die Voraussetzungen und Bedingungen der Zulassung von Ausnahmen nähere Bestimmungen; dieselben sind dem Reichstage bei seinem nächsten Zusammentritte zur Kenntnißnahme mitzutheilen.

Das Verfahren auf Anträge wegen Zulassung von Ausnahmen für Betriebe, welche ausschließlich oder vorwiegend mit durch Wind oder unregelmäßige Wasserkraft bewegten Triebwerken arbeiten, unterliegt den Vorschriften der §§. 20 und 21.

105 f. Wenn zur Verhütung eines unverhältnißmäßigen Schadens ein nicht vorherzusehendes Bedürfniß der Beschäftigung von Arbeitern an Sonn- und Festtagen eintritt, so können durch die untere Verwaltungsbehörde Ausnahmen von der Bestimmung des §. 105 b Abs. 1 für bestimmte Zeit zugelassen werden.

Die Verfügung der unteren Verwaltungsbehörde ist schriftlich zu erlassen und muß von dem Unternehmer auf Erfordern dem für die Revision zuständigen Beamten an der Betriebsstelle zur Einsicht vorgelegt werden. Eine Abschrift der Verfügung ist innerhalb der Betriebsstätte an einer den Arbeitern leicht zugänglichen Stelle auszuhängen.

Die untere Verwaltungsbehörde hat über die von ihr gestatteten Ausnahmen ein Verzeichniß zu führen, in welchem die Betriebsstätte, die gestatteten Arbeiten, die Zahl der in dem Betriebe beschäftigten und der an den betreffenden Sonn- und Festtagen thätig gewesenen Arbeiter, die Dauer ihrer Beschäftigung sowie die Dauer und die Gründe der Erlaubniß einzutragen sind.

105 g. Das Verbot der Beschäftigung von Arbeitern an Sonn- und Festtagen kann durch Kaiserliche Verordnung mit Zustimmung des Bundesraths auf andere Gewerbe ausgedehnt werden. Diese Verordnungen sind dem

Reichstage bei seinem nächsten Zusammentritte zur Kenntnißnahme vorzulegen. Auf die von dem Verbote zuzulassenden Ausnahmen finden die Bestimmungen der §§. 105 c bis 105 f entsprechende Anwendung.

105 h. Die Bestimmungen der §§. 105 a bis 105 g stehen weitergehenden landesgesetzlichen Beschränkungen der Arbeit an Sonn- und Festtagen nicht entgegen.

Den Landes-Zentralbehörden bleibt vorbehalten, für einzelne Festtage, welche nicht auf einen Sonntag fallen, Abweichungen von der Vorschrift des §. 105 b Abs. 1 zu gestatten. Auf das Weihnachts-, Neujahrs-, Oster-, Himmelfahrts- und Pfingstfest findet diese Bestimmung keine Anwendung.

105 i. Der §. 105 a Abs. 1 und die §§. 105 b bis 105 g finden auf Gast- und Schankwirthschaftsgewerbe, Musikaufführungen, Schaustellungen, theatralische Vorstellungen oder sonstige Lustbarkeiten sowie auf Verkehrsgewerbe keine Anwendung.

Die Gewerbetreibenden können die Arbeiter in diesen Gewerben nur zu solchen Arbeiten an Sonn- und Festtagen verpflichten, welche nach der Natur des Gewerbebetriebs einen Aufschub oder eine Unterbrechung nicht gestatten.

106. Gewerbetreibende, welchen die bürgerlichen Ehrenrechte aberkannt sind, dürfen, solange ihnen diese Rechte entzogen bleiben, mit der Anleitung von Arbeitern unter achtzehn Jahren sich nicht befassen.

Die Entlassung der dem vorstehenden Verbote zuwider beschäftigten Arbeiter kann polizeilich erzwungen werden.

107. Minderjährige Personen dürfen, soweit reichsgesetzlich nicht ein Anderes zugelassen ist, als Arbeiter nur beschäftigt werden, wenn sie mit einem Arbeitsbuche versehen sind. Bei der Annahme solcher Arbeiter hat der Arbeitgeber das Arbeitsbuch einzufordern. Er ist verpflichtet, dasselbe zu verwahren, auf amtliches Verlangen vorzulegen und nach rechtmäßiger Lösung des Arbeitsverhältnisses wieder auszuhändigen. Die Aushändigung erfolgt an den gesetzlichen Vertreter, sofern dieser es verlangt, oder der Arbeiter das sechzehnte Lebensjahr noch nicht vollendet hat, anderenfalls an den Arbeiter selbst. Mit Genehmigung der Gemeindebehörde des im §. 108 bezeichneten Ortes kann die Aushändigung des Arbeitsbuchs auch an die zur gesetzlichen Vertretung nicht berechtigte Mutter oder einen sonstigen Angehörigen oder unmittelbar an den Arbeiter erfolgen.

Auf Kinder, welche zum Besuche der Volksschule verpflichtet sind, finden vorstehende Bestimmungen keine Anwendung.

108. Das Arbeitsbuch wird dem Arbeiter durch die Polizeibehörde desjenigen Ortes, an welchem er zuletzt seinen dauernden Aufenthalt gehabt hat, wenn aber ein solcher im Gebiete des Deutschen Reichs nicht stattgefunden hat, von der Polizeibehörde des von ihm zuerst erwählten deutschen Arbeitsorts kosten- und stempelfrei ausgestellt. Die Ausstellung erfolgt auf Antrag oder mit Zustimmung des gesetzlichen Vertreters. Ist die Erklärung des gesetzlichen Vertreters nicht zu beschaffen oder verweigert dieser die Zustimmung ohne genügenden Grund und zum Nachtheile des Arbeiters, so kann die Gemeindebehörde die Zustimmung ergänzen. Vor der Ausstellung ist nachzuweisen, daß der Arbeiter zum Besuche der Volksschule nicht mehr verpflichtet ist, und glaubhaft zu machen, daß bisher ein Arbeitsbuch für ihn noch nicht ausgestellt war.

109. Wenn das Arbeitsbuch vollständig ausgefüllt oder nicht mehr brauchbar, oder wenn es verloren gegangen oder vernichtet ist, so wird an Stelle desselben ein neues Arbeitsbuch ausgestellt. Die Ausstellung erfolgt durch die Polizeibehörde desjenigen Ortes, an welchem der Inhaber des Arbeitsbuchs zuletzt seinen dauernden Aufenthalt gehabt hat. Das ausgefüllte oder nicht mehr brauchbare Arbeitsbuch ist durch einen amtlichen Vermerk zu schließen.

Wird das neue Arbeitsbuch an Stelle eines nicht mehr brauchbaren, eines verloren gegangenen oder vernichteten Arbeitsbuchs ausgestellt, so ist dies darin zu vermerken. Für die Ausstellung kann in diesem Falle eine Gebühr bis zu fünfzig Pfennig erhoben werden.

110. Das Arbeitsbuch (§. 108) muß den Namen des Arbeiters, Ort, Jahr und Tag seiner Geburt, Namen und letzten Wohnort seines gesetzlichen Vertreters und die Unterschrift des Arbeiters enthalten. Die Ausstellung erfolgt unter dem Siegel und der Unterschrift der Behörde. Letztere hat über die von ihr ausgestellten Arbeitsbücher ein Verzeichniß zu führen.

Die Einrichtung der Arbeitsbücher wird durch den Reichskanzler bestimmt.

111. Bei dem Eintritte des Arbeiters in das Arbeitsverhältniß hat der Arbeitgeber an der dafür bestimmten Stelle des Arbeitsbuchs die Zeit des Eintritts und die Art der Beschäftigung, am Ende des Arbeitsverhältnisses die Zeit des Austritts und, wenn die Beschäftigung Aenderungen erfahren hat, die Art der letzten Beschäftigung des Arbeiters einzutragen.

Die Eintragungen sind mit Tinte zu bewirken und von dem Arbeitgeber oder dem dazu bevollmächtigten Betriebsleiter zu unterzeichnen.

Die Eintragungen dürfen nicht mit einem Merkmale versehen sein, welches den Inhaber des Arbeitsbuchs günstig oder nachtheilig zu kennzeichnen bezweckt.

Die Eintragung eines Urtheils über die Führung oder die Leistungen des Arbeiters und sonstige durch dieses Gesetz nicht vorgesehene Eintragungen oder Vermerke in oder an dem Arbeitsbuche sind unzulässig.

112. Ist das Arbeitsbuch bei dem Arbeitgeber unbrauchbar geworden, verloren gegangen oder vernichtet, oder sind von dem Arbeitgeber unzulässige Merkmale, Eintragungen oder Vermerke in oder an dem Arbeitsbuche gemacht, oder wird von dem Arbeitgeber ohne rechtmäßigen Grund die Aushändigung des Arbeitsbuchs verweigert, so kann die Ausstellung eines neuen Arbeitsbuchs auf Kosten des Arbeitgebers beansprucht werden.

Ein Arbeitgeber, welcher das Arbeitsbuch seiner gesetzlichen Verpflichtung zuwider nicht rechtzeitig ausgehändigt oder die vorschriftsmäßigen Eintragungen zu machen unterlassen oder unzulässige Merkmale, Eintragungen oder

Vermerke gemacht hat, ist dem Arbeiter entschädigungspflichtig. Der Anspruch auf Entschädigung erlischt, wenn er nicht innerhalb vier Wochen nach seiner Entstehung im Wege der Klage oder Einrede geltend gemacht ist.

113. Beim Abgange können die Arbeiter ein Zeugniß über die Art und Dauer ihrer Beschäftigung fordern.

Dieses Zeugniß ist auf Verlangen der Arbeiter auch auf ihre Führung und ihre Leistungen auszudehnen.

Den Arbeitgebern ist untersagt, die Zeugnisse mit Merkmalen zu versehen, welche den Zweck haben, den Arbeiter in einer aus dem Wortlaut des Zeugnisses nicht ersichtlichen Weise zu kennzeichnen.

Ist der Arbeiter minderjährig, so kann das Zeugniß von dem gesetzlichen Vertreter gefordert werden. Dieser kann verlangen, daß das Zeugniß an ihn, nicht an den Minderjährigen ausgehändigt werde. Mit Genehmigung der Gemeindebehörde des im §. 108 bezeichneten Ortes kann auch gegen den Willen des gesetzlichen Vertreters die Aushändigung unmittelbar an den Arbeiter erfolgen.

114. Auf Antrag des Arbeiters hat die Ortspolizeibehörde die Eintragung in das Arbeitsbuch und das dem Arbeiter etwa ausgestellte Zeugniß kosten- und stempelfrei zu beglaubigen.

114 a. Für bestimmte Gewerbe kann der Bundesrath Lohnbücher oder Arbeitszettel vorschreiben. In diese sind von dem Arbeitgeber oder dem dazu Bevollmächtigten einzutragen:

1. Art und Umfang der übertragenen Arbeit, bei Akkordarbeit die Stückzahl;
2. die Lohnsätze;
3. die Bedingungen für die Lieferung von Werkzeugen und Stoffen zu den übertragenen Arbeiten.

Der Bundesrath kann bestimmen, daß in die Lohnbücher oder Arbeitszettel auch die Bedingungen für die Gewährung von Kost und Wohnung einzutragen sind, sofern Kost oder Wohnung als Lohn oder Theil des Lohnes gewährt werden sollen.

Auf die Eintragungen finden die Vorschriften des §. 111 Abs. 2 bis 4 entsprechende Anwendung.

Das Lohnbuch oder der Arbeitszettel ist von dem Arbeitgeber auf seine Kosten zu beschaffen und dem Arbeiter nach Vollziehung der vorgeschriebenen Eintragungen vor oder bei der Uebergabe der Arbeit kostenfrei auszuhändigen.

Die Lohnbücher sind mit einem Abdrucke der Bestimmungen der §§. 115 bis 119a Abs. 1 und des §. 119b zu versehen. Im Uebrigen wird die Einrichtung der Lohnbücher durch den Reichskanzler bestimmt.

Auf die von dem Bundesrathe getroffenen Anordnungen findet die Bestimmung im §. 120e Abs. 4 Anwendung.

115. Die Gewerbetreibenden sind verpflichtet, die Löhne ihrer Arbeiter in Reichswährung zu berechnen und baar auszuzahlen.

Sie dürfen den Arbeitern keine Waaren kreditiren.

Doch ist es gestattet, den Arbeitern Lebensmittel für den Betrag der Anschaffungskosten, Wohnung und Landnutzung gegen die ortsüblichen Mieth- und Pachtpreise, Feuerung, Beleuchtung, regelmäßige Beköstigung, Arzneien und ärztliche Hülfe sowie Werkzeuge und Stoffe zu den ihnen übertragenen Arbeiten für den Betrag der durchschnittlichen Selbstkosten unter Anrechnung bei der Lohnzahlung zu verabfolgen. Zu einem höheren Preise ist die Verabfolgung von Werkzeugen und Stoffen für Akkordarbeiten zulässig, wenn derselbe den ortsüblichen nicht übersteigt und im Voraus vereinbart ist.

115a. Lohn- und Abschlagszahlungen dürfen in Gast- und Schankwirthschaften oder Verkaufsstellen nicht ohne Genehmigung der unteren Verwaltungsbehörde erfolgen; sie dürfen an Dritte nicht erfolgen auf Grund von Rechtsgeschäften oder Urkunden über Rechtsgeschäfte, welche nach §. 2 des Gesetzes, betreffend die Beschlagnahme des Arbeits- oder Dienstlohns, vom 21. Juni 1869 (Bundes-Gesetzbl. S. 242) rechtlich unwirksam sind.

116. Arbeiter, deren Forderungen in einer dem §. 115 zuwiderlaufenden Weise berichtigt worden sind, können zu jeder Zeit Zahlung nach Maßgabe des §. 115 verlangen, ohne daß ihnen eine Einrede aus dem an Zahlungsstatt Gegebenen entgegengesetzt werden kann. Letzteres fällt, soweit es noch bei dem Empfänger vorhanden oder dieser daraus bereichert ist, derjenigen Hülfskasse zu, welcher der Arbeiter angehört, in Ermangelung einer solchen einer anderen zum Besten der Arbeiter an dem Orte bestehenden, von der Gemeindebehörde zu bestimmenden Kasse und in deren Ermangelung der Orts-armenkasse.

117. Verträge, welche dem §. 115 zuwiderlaufen, sind nichtig.

Dasselbe gilt von Verabredungen zwischen den Gewerbetreibenden und den von ihnen beschäftigten Arbeitern über die Entnahme der Bedürfnisse der letzteren aus gewissen Verkaufsstellen sowie überhaupt über die Verwendung des Verdienstes derselben zu einem anderen Zwecke als zur Betheiligung an Einrichtungen zur Verbesserung der Lage der Arbeiter oder ihrer Familien.

118. Forderungen für Waaren, welche dem §. 115 zuwider kreditirt worden sind, können von dem Gläubiger weder eingeklagt, noch durch Anrechnung oder sonst geltend gemacht werden, ohne Unterschied, ob sie zwischen den Betheiligten unmittelbar entstanden oder mittelbar erworben sind. Dagegen fallen dergleichen Forderungen der im §. 116 bezeichneten Kasse zu.

119. Den Gewerbetreibenden im Sinne der §§. 115 bis 118 sind gleich zu achten deren Familienglieder, Gehülfen, Beauftragte, Geschäftsführer, Aufseher und Faktoren sowie andere Gewerbetreibende, bei deren Geschäft eine der hier erwähnten Personen unmittelbar oder mittelbar betheiligt ist.

119a. Lohneinbehaltungen, welche von Gewerbeunternehmern zur Sicherung des Ersatzes eines ihnen aus der widerrechtlichen Auflösung des Arbeitsverhältnisses erwachsenden Schadens oder einer für diesen Fall verabredeten Strafe ausbedungen werden, dürfen bei den einzelnen Lohnzahlungen ein Viertel des fälligen Lohnes, im Gesammtbetrage den Betrag eines durchschnittlichen Wochenlohns nicht übersteigen.

Durch statutarische Bestimmung einer Gemeinde oder eines weiteren Kommunalverbandes (§. 142) kann für alle Gewerbebetriebe oder gewisse Arten derselben festgesetzt werden:

1. daß Lohn- und Abschlagszahlungen in festen Fristen erfolgen müssen, welche nicht länger als einen Monat und nicht kürzer als eine Woche sein dürfen;
2. daß der von minderjährigen Arbeitern verdiente Lohn an die Eltern oder Vormünder und nur mit deren schriftlicher Zustimmung oder nach deren Bescheinigung über den Empfang der letzten Lohnzahlung unmittelbar an die Minderjährigen gezahlt wird;
3. daß die Gewerbetreibenden den Eltern oder Vormündern innerhalb gewisser Fristen Mittheilung von den an minderjährige Arbeiter gezahlten Lohnbeträgen zu machen haben.

119 b. Unter den in §§. 114a bis 119a bezeichneten Arbeitern werden auch diejenigen Personen verstanden, welche für bestimmte Gewerbetreibende außerhalb der Arbeitsstätten der letzteren mit der Anfertigung gewerblicher Erzeugnisse beschäftigt sind, und zwar auch dann, wenn sie die Roh- und Hülfsstoffe selbst beschaffen.

120. Die Gewerbeunternehmer sind verpflichtet, ihren Arbeitern unter achtzehn Jahren, welche eine von der Gemeindebehörde oder vom Staate als Fortbildungsschule anerkannte Unterrichtsanstalt besuchen, hierzu die erforderlichen Falles von der zuständigen Behörde festzusetzende Zeit zu gewähren. Am Sonntage darf der Unterricht nur stattfinden, wenn die Unterrichtsstunden so gelegt werden, daß die Schüler nicht gehindert werden, den Hauptgottesdienst oder einen mit Genehmigung der kirchlichen Behörden für sie eingerichteten besonderen Gottesdienst ihrer Konfession zu besuchen. Ausnahmen von dieser Bestimmung kann die Zentralbehörde für bestehende Fortbildungsschulen, zu deren Besuche keine Verpflichtung besteht, bis zum 1. Oktober 1894 gestatten.

Als Fortbildungsschulen im Sinne dieser Bestimmung gelten auch Anstalten, in welchen Unterricht in weiblichen Hand- und Hausarbeiten ertheilt wird.

Durch statutarische Bestimmung einer Gemeinde oder eines weiteren Kommunalverbandes (§. 142) kann für männliche Arbeiter unter achtzehn Jahren sowie für weibliche Handlungsgehülfen und -Lehrlinge unter achtzehn Jahren die Verpflichtung zum Besuche einer Fortbildungsschule, soweit diese Verpflichtung nicht landesgesetzlich besteht, begründet werden. Auf demselben Wege können die zur Durchführung dieser Verpflichtung erforderlichen Bestimmungen getroffen werden. Insbesondere können durch statutarische Bestimmung die zur Sicherung eines regelmäßigen Schulbesuchs den Schulpflichtigen sowie deren Eltern, Vormündern und Arbeitgebern obliegenden Verpflichtungen bestimmt und diejenigen Vorschriften erlassen werden, durch welche die Ordnung in der Fortbildungsschule und ein gebührliches Verhalten der Schüler gesichert wird. Von der durch statutarische Bestimmung begründeten Verpflichtung zum Besuch einer Fortbildungsschule sind diejenigen befreit, welche eine Innungs- oder andere Fortbildungs- oder Fachschule besuchen, sofern der Unterricht dieser Schule von der höheren Verwaltungsbehörde als ein ausreichender Ersatz des allgemeinen Fortbildungsschulunterrichts anerkannt wird.

120a. Die Gewerbeunternehmer sind verpflichtet, die Arbeitsräume, Betriebsvorrichtungen, Maschinen und Geräthschaften so einzurichten und zu unterhalten und den Betrieb so zu regeln, daß die Arbeiter gegen Gefahren für Leben und Gesundheit soweit geschützt sind, wie es die Natur des Betriebs gestattet.

Insbesondere ist für genügendes Licht, ausreichenden Luftraum und Luftwechsel, Beseitigung des bei dem Betrieb entstehenden Staubes, der dabei entwickelten Dünste und Gase sowie der dabei entstehenden Abfälle Sorge zu tragen.

Ebenso sind diejenigen Vorrichtungen herzustellen, welche zum Schutze der Arbeiter gegen gefährliche Berührungen mit Maschinen oder Maschinentheilen oder gegen andere in der Natur der Betriebsstätte oder des Betriebs liegende Gefahren, namentlich auch gegen die Gefahren, welche aus Fabrikbränden erwachsen können, erforderlich sind.

Endlich sind diejenigen Vorschriften über die Ordnung des Betriebs und das Verhalten der Arbeiter zu erlassen, welche zur Sicherung eines gefahrlosen Betriebs erforderlich sind.

120b. Die Gewerbeunternehmer sind verpflichtet, diejenigen Einrichtungen zu treffen und zu unterhalten und diejenigen Vorschriften über das Verhalten der Arbeiter im Betriebe zu erlassen, welche erforderlich sind, um die Aufrechterhaltung der guten Sitten und des Anstandes zu sichern.

Insbesondere muß, soweit es die Natur des Betriebs zuläßt, bei der Arbeit die Trennung der Geschlechter durchgeführt werden, sofern nicht die Aufrechterhaltung der guten Sitten und des Anstandes durch die Einrichtung des Betriebs ohnehin gesichert ist.

In Anlagen, deren Betrieb es mit sich bringt, daß die Arbeiter sich umkleiden und nach der Arbeit sich reinigen, müssen ausreichende, nach Geschlechtern getrennte Ankleide- und Waschräume vorhanden sein.

Die Bedürfnißanstalten müssen so eingerichtet sein, daß sie für die Zahl der Arbeiter ausreichen, daß den Anforderungen der Gesundheitspflege entsprochen wird und daß ihre Benutzung ohne Verletzung von Sitte und Anstand erfolgen kann.

120c. Gewerbeunternehmer, welche Arbeiter unter achtzehn Jahren beschäftigen, sind verpflichtet, bei der Einrichtung der Betriebsstätte und bei der Regelung des Betriebs diejenigen besonderen Rücksichten auf Gesundheit und Sittlichkeit zu nehmen, welche durch das Alter dieser Arbeiter geboten sind.

120d. Die zuständigen Polizeibehörden sind befugt, im Wege der Verfügung für einzelne Anlagen die Ausführung derjenigen Maßnahmen anzuordnen, welche zur Durchführung der in §§. 120a bis 120c enthaltenen

Grundsätze erforderlich und nach der Beschaffenheit der Anlage ausführbar erscheinen. Sie können anordnen, daß den Arbeitern zur Einnahme von Mahlzeiten außerhalb der Arbeitsräume angemessene, in der kalten Jahreszeit geheizte Räume unentgeltlich zur Verfügung gestellt werden.

Soweit die angeordneten Maßregeln nicht die Beseitigung einer dringenden, das Leben oder die Gesundheit bedrohenden Gefahr bezwecken, muß für die Ausführung eine angemessene Frist gelassen werden.

Den bei Erlaß dieses Gesetzes bereits bestehenden Anlagen gegenüber können, solange nicht eine Erweiterung oder ein Umbau eintritt, nur Anforderungen gestellt werden, welche zur Beseitigung erheblicher, das Leben, die Gesundheit oder die Sittlichkeit der Arbeiter gefährdender Mißstände erforderlich oder ohne unverhältnißmäßige Aufwendungen ausführbar erscheinen.

Gegen die Verfügung der Polizeibehörde steht dem Gewerbeunternehmer binnen zwei Wochen die Beschwerde an die höhere Verwaltungsbehörde zu. Gegen die Entscheidung der höheren Verwaltungsbehörde ist binnen vier Wochen die Beschwerde an die Zentralbehörde zulässig; diese entscheidet endgültig. Widerspricht die Verfügung den von der zuständigen Berufsgenossenschaft erlassenen Vorschriften zur Verhütung von Unfällen, so ist zur Einlegung der vorstehend bezeichneten Rechtsmittel binnen der dem Gewerbeunternehmer zustehenden Frist auch der Vorstand der Berufsgenossenschaft befugt.

120e. Durch Beschluß des Bundesraths können Vorschriften darüber erlassen werden, welchen Anforderungen in bestimmten Arten von Anlagen zur Durchführung der in den §§. 120a bis 120c enthaltenen Grundsätze zu genügen ist.

Soweit solche Vorschriften durch Beschluß des Bundesraths nicht erlassen sind, können dieselben durch Anordnung der Landes-Zentralbehörden oder durch Polizeiverordnungen der zum Erlasse solcher berechtigten Behörden erlassen werden. Vor dem Erlasse solcher Anordnungen und Polizeiverordnungen ist den Vorständen der betheiligten Berufsgenossenschaften oder Berufsgenossenschafts-Sektionen Gelegenheit zu einer gutachtlichen Aeußerung zu geben. Auf diese finden die Bestimmungen des §. 113 Abs. 2, 4 und des §. 115 Abs. 4 Satz 1 des Gewerbe-Unfallversicherungsgesetzes (Reichs-Gesetzbl. 1900 S. 573, 585) Anwendung.

Durch Beschluß des Bundesraths können für solche Gewerbe, in welchen durch übermäßige Dauer der täglichen Arbeitszeit die Gesundheit der Arbeiter gefährdet wird, Dauer, Beginn und Ende der zulässigen täglichen Arbeitszeit und der zu gewährenden Pausen vorgeschrieben und die zur Durchführung dieser Vorschriften erforderlichen Anordnungen erlassen werden.

Die durch Beschluß des Bundesraths erlassenen Vorschriften sind durch das Reichs-Gesetzblatt zu veröffentlichen und dem Reichstage bei seinem nächsten Zusammentritte zur Kenntnißnahme vorzulegen.

II. Verhältnisse der Gesellen und Gehülfen.

121. Gesellen und Gehülfen sind verpflichtet, den Anordnungen der Arbeitgeber in Beziehung auf die ihnen übertragenen Arbeiten und auf die häuslichen Einrichtungen Folge zu leisten; zu häuslichen Arbeiten sind sie nicht verbunden.

122. Das Arbeitsverhältniß zwischen den Gesellen oder Gehülfen und ihren Arbeitgebern kann, wenn nicht ein Anderes verabredet ist, durch eine jedem Theile freistehende, vierzehn Tage vorher erklärte Aufkündigung gelöst werden. Werden andere Aufkündigungsfristen vereinbart, so müssen sie für beide Theile gleich sein. Vereinbarungen, welche dieser Bestimmung zuwiderlaufen, sind nichtig.

123. Vor Ablauf der vertragsmäßigen Zeit und ohne Aufkündigung können Gesellen und Gehülfen entlassen werden:

1. wenn sie bei Abschluß des Arbeitsvertrags den Arbeitgeber durch Vorzeigung falscher oder verfälschter Arbeitsbücher oder Zeugnisse hintergangen oder ihn über das Bestehen eines anderen, sie gleichzeitig verpflichtenden Arbeitsverhältnisses in einen Irrthum versetzt haben;
2. wenn sie eines Diebstahls, einer Entwendung, einer Unterschlagung, eines Betrugs oder eines liederlichen Lebenswandels sich schuldig machen;
3. wenn sie die Arbeit unbefugt verlassen haben oder sonst den nach dem Arbeitsvertrag ihnen obliegenden Verpflichtungen nachzukommen beharrlich verweigern;
4. wenn sie der Verwarnung ungeachtet mit Feuer und Licht unvorsichtig umgehen;
5. wenn sie sich Thätlichkeiten oder grobe Beleidigungen gegen den Arbeitgeber oder seine Ver-

treter oder gegen die Familienangehörigen des Arbeitgebers oder seiner Vertreter zu Schulden kommen lassen;

6. wenn sie einer vorsätzlichen und rechtswidrigen Sachbeschädigung zum Nachtheile des Arbeitgebers oder eines Mitarbeiters sich schuldig machen;
7. wenn sie Familienangehörige des Arbeitgebers oder seiner Vertreter oder Mitarbeiter zu Handlungen verleiten oder zu verleiten versuchen oder mit Familienangehörigen des Arbeitgebers oder seiner Vertreter Handlungen begehen, welche wider die Gesetze oder die guten Sitten verstoßen;
8. wenn sie zur Fortsetzung der Arbeit unfähig oder mit einer abschreckenden Krankheit behaftet sind.

In den unter Ziffer 1 bis 7 gedachten Fällen ist die Entlassung nicht mehr zulässig, wenn die zu Grunde liegenden Thatsachen dem Arbeitgeber länger als eine Woche bekannt sind.

Inwiefern in den unter Nr. 8 gedachten Fällen dem Entlassenen ein Anspruch auf Entschädigung zustehe, ist nach dem Inhalte des Vertrags und nach den allgemeinen gesetzlichen Vorschriften zu beurtheilen.

124. Vor Ablauf der vertragsmäßigen Zeit und ohne Aufkündigung können Gesellen und Gehülfen die Arbeit verlassen:

1. wenn sie zur Fortsetzung der Arbeit unfähig werden;
2. wenn der Arbeitgeber oder seine Vertreter sich Thätlichkeiten oder grobe Beleidigungen gegen die

Arbeiter oder gegen ihre Familienangehörigen zu Schulden kommen lassen;

3. wenn der Arbeitgeber oder seine Vertreter oder Familienangehörige derselben die Arbeiter oder deren Familienangehörige zu Handlungen verleiten oder zu verleiten versuchen oder mit den Familienangehörigen der Arbeiter Handlungen begehen, welche wider die Gesetze oder die guten Sitten laufen;
4. wenn der Arbeitgeber den Arbeitern den schuldigen Lohn nicht in der bedungenen Weise auszahlt, bei Stücklohn nicht für ihre ausreichende Beschäftigung sorgt, oder wenn er sich widerrechtlicher Uebervortheilungen gegen sie schuldig macht;
5. wenn bei Fortsetzung der Arbeit das Leben oder die Gesundheit der Arbeiter einer erweislichen Gefahr ausgesetzt sein würde, welche bei Eingehung des Arbeitsvertrags nicht zu erkennen war.

In den unter Ziffer 2 gedachten Fällen ist der Austritt aus der Arbeit nicht mehr zulässig, wenn die zu Grunde liegenden Thatsachen dem Arbeiter länger als eine Woche bekannt sind.

124a. Außer den in §§. 123 und 124 bezeichneten Fällen kann jeder der beiden Theile aus wichtigen Gründen vor Ablauf der vertragsmäßigen Zeit und ohne Innehaltung einer Kündigungsfrist die Aufhebung des Arbeitsverhältnisses verlangen, wenn dasselbe mindestens auf vier Wochen oder wenn eine längere als vierzehntägige Kündigungsfrist vereinbart ist.

124b. Hat ein Geselle oder Gehülfe rechtswidrig die

Arbeit verlassen, so kann der Arbeitgeber als Entschädigung für den Tag des Vertragsbruchs und jeden folgenden Tag der vertragsmäßigen oder gesetzlichen Arbeitszeit, höchstens aber für eine Woche, den Betrag des ortsüblichen Tagelohns (§. 8 des Krankenversicherungsgesetzes vom 15. Juni 1883, Reichs-Gesetzbl. S. 73) fordern. Diese Forderung ist an den Nachweis eines Schadens nicht gebunden. Durch ihre Geltendmachung wird der Anspruch auf Erfüllung des Vertrags und auf weiteren Schadensersatz ausgeschlossen. Dasselbe Recht steht dem Gesellen oder Gehülfen gegen den Arbeitgeber zu, wenn er von diesem vor rechtmäßiger Beendigung des Arbeitsverhältnisses entlassen worden ist.

125. Ein Arbeitgeber, welcher einen Gesellen oder Gehülfen verleitet, vor rechtmäßiger Beendigung des Arbeitsverhältnisses die Arbeit zu verlassen, ist dem früheren Arbeitgeber für den entstandenen Schaden oder den nach §. 124 b an die Stelle des Schadensersatzes tretenden Betrag als Selbstschuldner mitverhaftet. In gleicher Weise haftet ein Arbeitgeber, welcher einen Gesellen oder Gehülfen annimmt, von dem er weiß, daß derselbe einem anderen Arbeitgeber zur Arbeit noch verpflichtet ist.

In dem im vorstehenden Absatze bezeichneten Umfang ist auch derjenige Arbeitgeber mitverhaftet, welcher einen Gesellen oder Gehülfen, von dem er weiß, daß derselbe einem anderen Arbeitgeber zur Arbeit noch verpflichtet ist, während der Dauer dieser Verpflichtung in der Beschäftigung behält, sofern nicht seit der unrechtmäßigen Lösung des Arbeitsverhältnisses bereits vierzehn Tage verflossen sind.

Den Gesellen und Gehülfen stehen im Sinne der vorstehenden Bestimmungen die im §. 119 b bezeichneten Personen gleich.

III. Lehrlingsverhältnisse.

A. Allgemeine Bestimmungen.

126. Die Befugniß zum Halten oder zur Anleitung von Lehrlingen steht Personen, welche sich nicht im Besitze der bürgerlichen Ehrenrechte befinden, nicht zu.

126 a. Die Befugniß zum Halten und zur Anleitung von Lehrlingen kann solchen Personen ganz oder auf Zeit entzogen werden, welche sich wiederholt grober Pflichtverletzungen gegen die ihnen anvertrauten Lehrlinge schuldig gemacht haben, oder gegen welche Thatsachen vorliegen, die sie in sittlicher Beziehung zum Halten oder zur Anleitung von Lehrlingen ungeeignet erscheinen lassen.

Die Befugniß zur Anleitung von Lehrlingen kann ferner solchen Personen entzogen werden, welche wegen geistiger oder körperlicher Gebrechen zur sachgemäßen Anleitung eines Lehrlinges nicht geeignet sind.

Die Entziehung erfolgt durch Verfügung der unteren Verwaltungsbehörde; gegen die Verfügung findet der Rekurs statt. Wegen des Verfahrens und der Behörden gelten die Vorschriften der §§. 20 und 21, soweit nicht landesgesetzlich das Verfahren in streitigen Verwaltungssachen Platz greift.

Durch die höhere Verwaltungsbehörde kann die ent=

zogene Befugniß nach Ablauf eines Jahres wieder eingeräumt werden.

126b. Der Lehrvertrag ist binnen vier Wochen nach Beginn der Lehre schriftlich abzuschließen. Derselbe muß enthalten:

1. die Bezeichnung des Gewerbes oder des Zweiges der gewerblichen Thätigkeit, in welchem die Ausbildung erfolgen soll;
2. die Angabe der Dauer der Lehrzeit;
3. die Angabe der gegenseitigen Leistungen;
4. die gesetzlichen und sonstigen Voraussetzungen, unter welchen die einseitige Auflösung des Vertrags zulässig ist.

Der Lehrvertrag ist von dem Gewerbetreibenden oder seinem Stellvertreter, dem Lehrling und dem gesetzlichen Vertreter des Lehrlinges zu unterschreiben und in einem Exemplare dem gesetzlichen Vertreter des Lehrlinges auszuhändigen. Der Lehrherr ist verpflichtet, der Ortspolizeibehörde auf Erfordern den Lehrvertrag einzureichen.

Auf Lehrlinge in staatlich anerkannten Lehrwerkstätten finden diese Bestimmungen keine Anwendung.

Der Lehrvertrag ist kosten- und stempelfrei.

127. Der Lehrherr ist verpflichtet, den Lehrling in den bei seinem Betriebe vorkommenden Arbeiten des Gewerbes dem Zwecke der Ausbildung entsprechend zu unterweisen, ihn zum Besuche der Fortbildungs- oder Fachschule anzuhalten und den Schulbesuch zu überwachen. Er muß entweder selbst oder durch einen geeigneten, ausdrücklich dazu bestimmten Vertreter die Ausbildung des Lehrlinges leiten, den Lehrling zur Arbeitsamkeit und zu guten Sitten anhalten und vor Ausschweifungen bewahren, er hat ihn gegen Mißhandlungen seitens der Arbeits- und Hausgenossen zu schützen und dafür Sorge zu tragen, daß dem Lehrlinge nicht Arbeitsverrichtungen zugewiesen werden, welche seinen körperlichen Kräften nicht angemessen sind.

Er darf dem Lehrlinge die zu seiner Ausbildung und zum Besuche des Gottesdienstes an Sonn- und Festtagen erforderliche Zeit und Gelegenheit nicht entziehen. Zu häuslichen Dienstleistungen dürfen Lehrlinge, welche im Hause des Lehrherrn weder Kost noch Wohnung erhalten, nicht herangezogen werden.

127a. Der Lehrling ist der väterlichen Zucht des Lehrherrn unterworfen und dem Lehrherrn sowie demjenigen, welcher an Stelle des Lehrherrn die Ausbildung zu leiten hat, zur Folgsamkeit und Treue, zu Fleiß und anständigem Betragen verpflichtet.

Uebermäßige und unanständige Züchtigungen sowie jede die Gesundheit des Lehrlinges gefährdende Behandlung sind verboten.

127b. Das Lehrverhältniß kann, wenn eine längere Frist nicht vereinbart ist, während der ersten vier Wochen nach Beginn der Lehrzeit durch einseitigen Rücktritt aufgelöst werden. Eine Vereinbarung, wonach diese Probezeit mehr als drei Monate betragen soll, ist nichtig.

Nach Ablauf der Probezeit kann der Lehrling vor Beendigung der verabredeten Lehrzeit entlassen werden, wenn einer der im §. 123 vorgesehenen Fälle auf ihn

Anwendung findet oder wenn er die ihm im §. 127a auferlegten Pflichten wiederholt verletzt oder den Besuch der Fortbildungs- oder Fachschule vernachlässigt.

Von Seiten des Lehrlinges kann das Lehrverhältniß nach Ablauf der Probezeit aufgelöst werden, wenn:

1. einer der im §. 124 unter Ziffer 1, 3 bis 5 vorgesehenen Fälle vorliegt;
2. der Lehrherr seine gesetzlichen Verpflichtungen gegen den Lehrling in einer die Gesundheit, die Sittlichkeit oder die Ausbildung des Lehrlinges gefährdenden Weise vernachlässigt, oder das Recht der väterlichen Zucht mißbraucht, oder zur Erfüllung der ihm vertragsmäßig obliegenden Verpflichtungen unfähig wird.

Der Lehrvertrag wird durch den Tod des Lehrlinges aufgehoben. Durch den Tod des Lehrherrn gilt der Lehrvertrag als aufgehoben, sofern die Aufhebung binnen vier Wochen geltend gemacht wird.

127c. Bei Beendigung des Lehrverhältnisses hat der Lehrherr dem Lehrling unter Angabe des Gewerbes, in welchem der Lehrling unterwiesen worden ist, über die Dauer der Lehrzeit und die während derselben erworbenen Kenntnisse und Fertigkeiten, sowie über sein Betragen ein Zeugniß auszustellen, welches von der Gemeindebehörde kosten- und stempelfrei zu beglaubigen ist.

An Stelle dieser Zeugnisse treten, wo Innungen oder andere Vertretungen der Gewerbetreibenden bestehen, die von diesen ausgestellten Lehrbriefe.

127d. Verläßt der Lehrling in einem durch dies

Gesetz nicht vorgesehenen Falle ohne Zustimmung des Lehrherrn die Lehre, so kann letzterer den Anspruch auf Rückkehr des Lehrlinges nur geltend machen, wenn der Lehrvertrag schriftlich geschlossen ist. Die Polizeibehörde kann in diesem Falle auf Antrag des Lehrherrn den Lehrling anhalten, solange in der Lehre zu verbleiben, als durch gerichtliches Urtheil das Lehrverhältniß nicht für aufgelöst erklärt ist, oder dem Lehrlinge durch einstweilige Verfügung eines Gerichts gestattet ist, der Lehre fern zu bleiben. Der Antrag ist nur zulässig, wenn er binnen einer Woche nach dem Austritte des Lehrlinges gestellt ist. Im Falle unbegründeter Weigerung der Rückkehr hat die Polizeibehörde den Lehrling zwangsweise zurückführen zu lassen oder durch Androhung von Geldstrafe bis zu fünfzig Mark oder Haft bis zu fünf Tagen zur Rückkehr anzuhalten.

127e. Wird von dem gesetzlichen Vertreter für den Lehrling oder, sofern der letztere volljährig ist, von ihm selbst dem Lehrherrn die schriftliche Erklärung abgegeben, daß der Lehrling zu einem anderen Gewerbe oder anderen Beruf übergehen werde, so gilt das Lehrverhältniß, wenn der Lehrling nicht früher entlassen wird, nach Ablauf von vier Wochen als aufgelöst. Den Grund der Auflösung hat der Lehrherr in dem Arbeitsbuche zu vermerken.

Binnen neun Monaten nach der Auflösung darf der Lehrling in demselben Gewerbe von einem anderen Arbeitgeber ohne Zustimmung des früheren Lehrherrn nicht beschäftigt werden.

127f. Erreicht das Lehrverhältniß vor Ablauf der verabredeten Lehrzeit sein Ende, so kann von dem Lehrherrn oder von dem Lehrling ein Anspruch auf Entschädigung nur geltend gemacht werden, wenn der Lehrvertrag schriftlich geschlossen ist. In den Fällen des §. 127b Abs. 1, 4 kann der Anspruch nur geltend gemacht werden, wenn dieses in dem Lehrvertrag unter Festsetzung der Art und Höhe der Entschädigung vereinbart ist.

Der Anspruch der Entschädigung erlischt, wenn er nicht innerhalb vier Wochen nach Auflösung des Lehrverhältnisses im Wege der Klage oder Einrede geltend gemacht ist.

127g. Ist von dem Lehrherrn das Lehrverhältniß aufgelöst worden, weil der Lehrling die Lehre unbefugt verlassen hat, so ist die von dem Lehrherrn beanspruchte Entschädigung, wenn in dem Lehrvertrage nicht ein geringerer Betrag ausbedungen ist, auf einen Betrag festzusetzen, welcher für jeden auf den Tag des Vertragsbruchs folgenden Tag der Lehrzeit, höchstens aber für sechs Monate, bis auf die Hälfte des in dem Gewerbe des Lehrherrn den Gesellen oder Gehülfen ortsüblich gezahlten Lohnes sich belaufen darf.

Für die Zahlung der Entschädigung sind als Selbstschuldner mitverhaftet der Vater des Lehrlinges, sofern er die Sorge für die Person des Lehrlinges hat, sowie derjenige Arbeitgeber, welcher den Lehrling zum Verlassen der Lehre verleitet oder welcher ihn in Arbeit genommen hat, obwohl er wußte, daß der Lehrling zur Fortsetzung eines Lehrverhältnisses noch verpflichtet war. Hat der Entschädigungsberechtigte erst nach Auflösung des Lehrverhältnisses von der Person des Arbeitgebers, welcher den Lehrling verleitet oder in Arbeit genommen hat, Kenntniß erhalten, so erlischt gegen diese der Entschädigungsanspruch erst, wenn derselbe nicht innerhalb vier Wochen nach erhaltener Kenntniß geltend gemacht ist.

128. Wenn der Lehrherr eine im Mißverhältnisse zu dem Umfang oder der Art seines Gewerbebetriebs stehende Zahl von Lehrlingen hält und dadurch die Ausbildung der Lehrlinge gefährdet erscheint, so kann dem Lehrherrn von der unteren Verwaltungsbehörde die Entlassung eines entsprechenden Theiles der Lehrlinge auferlegt und die Annahme von Lehrlingen über eine bestimmte Zahl hinaus untersagt werden. Die Bestimmungen des §. 126a Abs. 3 finden hierbei entsprechende Anwendung.

Unbeschadet der vorstehenden Bestimmung können durch Beschluß des Bundesraths für einzelne Gewerbszweige Vorschriften über die höchste Zahl der Lehrlinge erlassen werden, welche in Betrieben dieser Gewerbszweige gehalten werden darf. Soweit solche Vorschriften nicht erlassen sind, können sie durch Anordnung der Landes-Zentralbehörde erlassen werden.

B. Besondere Bestimmungen für Handwerker.

129. In Handwerksbetrieben steht die Befugniß zur Anleitung von Lehrlingen nur denjenigen Personen zu, welche das vierundzwanzigste Lebensjahr vollendet haben und in dem Gewerbe oder in dem Zweige des Gewerbes, in welchem die Anleitung der Lehrlinge erfolgen soll, entweder die von der Handwerkskammer vorgeschriebene Lehrzeit, oder solange die Handwerkskammer eine Vorschrift über die Dauer der Lehrzeit nicht erlassen hat, mindestens eine dreijährige Lehrzeit zurückgelegt und die Gesellenprüfung bestanden haben,

oder fünf Jahre hindurch persönlich das Handwerk selbständig ausgeübt haben oder als Werkmeister oder in ähnlicher Stellung thätig gewesen sind.

Die höhere Verwaltungsbehörde kann Personen, welche diesen Anforderungen nicht entsprechen, die Befugniß zur Anleitung von Lehrlingen verleihen. Gehört die Person einer Innung an oder besteht an ihrem Wohnorte für den Gewerbszweig, welchem sie angehört, eine Innung, so ist die letztere vor der Entscheidung von der höheren Verwaltungsbehörde zu hören.

Die Unterweisung des Lehrlinges in einzelnen technischen Handgriffen und Fertigkeiten durch einen Gesellen fällt nicht unter die im Abs. 1 vorgesehenen Bestimmungen.

Die Zurücklegung der Lehrzeit kann auch in einem dem Gewerbe angehörenden Großbetrieb erfolgen und durch den Besuch einer Lehrwerkstätte oder sonstigen gewerblichen Unterrichtsanstalt ersetzt werden. Die Landes-Zentralbehörden können den Prüfungszeugnissen von Lehrwerkstätten, gewerblichen Unterrichtsanstalten oder von Prüfungsbehörden, welche vom Staate für einzelne Gewerbe oder zum Nachweise der Befähigung zur Anstellung in staatlichen Betrieben eingesetzt sind, die Wirkung der Verleihung der im Abs. 1 bezeichneten Befugniß für bestimmte Gewerbszweige beilegen.

Der Bundesrath ist befugt, für einzelne Gewerbe Ausnahmen von den Bestimmungen im Abs. 1 zuzulassen.

129a. Der Unternehmer eines Betriebs, in welchem mehrere Gewerbe vereinigt sind, ist befugt, in allen zu dem Betriebe vereinigten Gewerben Lehrlinge anzuleiten, wenn er für eines dieser Gewerbe den Voraussetzungen des §. 129 entspricht.

Wer für einen gesondert betriebenen Zweig eines Gewerbes den Voraussetzungen des §. 129 entspricht, ist berechtigt, auch in den übrigen Zweigen dieses Gewerbes Lehrlinge anzuleiten.

Wer für ein Gewerbe den Voraussetzungen des §. 129 entspricht, ist berechtigt, auch in den diesem verwandten Gewerben Lehrlinge anzuleiten. Welche Gewerbe als verwandte Gewerbe im Sinne dieser Bestimmung anzusehen sind, bestimmt die Handwerkskammer.

Das gemäß §. 131c Abs. 2 dem Prüfungsausschusse vorzulegende Lehrzeugniß darf nur für dasjenige Gewerbe ausgestellt werden, für welches der Lehrherr oder sein Vertreter (§. 127 Abs. 1) zur Anleitung von Lehrlingen befugt ist.

129b. Gehört der Lehrherr einer Innung an, so ist er verpflichtet, eine Abschrift des Lehrvertrags binnen vierzehn Tagen nach Abschluß desselben der Innung einzureichen; er kann hierzu durch die Ortspolizeibehörde angehalten werden.

Die Innungen können bestimmen, daß der Abschluß des Lehrvertrags vor der Innung erfolgen soll. In diesem Falle ist dem Lehrherrn und dem Vater oder Vormunde des Lehrlinges eine Abschrift des Lehrvertrags auszuhändigen.

130. Soweit durch den Bundesrath oder die Landes-Zentralbehörde auf Grund des §. 128 Abs. 2 Vorschriften über die zulässige Zahl von Lehrlingen nicht erlassen sind, ist die Handwerkskammer und die Innung zum Erlasse solcher Vorschriften befugt.

130a. Die Lehrzeit soll in der Regel drei Jahre dauern, sie darf den Zeitraum von vier Jahren nicht übersteigen.

Von der Handwerkskammer kann mit Genehmigung der höheren Verwaltungsbehörde die Dauer der Lehrzeit für die einzelnen Gewerbe oder Gewerbszweige nach Anhörung der betheiligten Innungen und der im §. 103a Abs. 3 Ziffer 2 bezeichneten Vereinigungen festgesetzt werden.

Die Handwerkskammer ist befugt, Lehrlinge in Einzelfällen von der Innehaltung der festgesetzten Lehrzeit zu entbinden.

131. Den Lehrlingen ist Gelegenheit zu geben, sich nach Ablauf der Lehrzeit der Gesellenprüfung (§. 129 Abs. 1) zu unterziehen.

Die Abnahme der Prüfung erfolgt durch Prüfungsausschüsse. Bei jeder Zwangsinnung wird ein Prüfungsausschuß gebildet, bei anderen Innungen nur dann, wenn ihnen die Ermächtigung zur Abnahme der Prüfungen von der Handwerkskammer ertheilt ist. Soweit für die Abnahme der Prüfungen für die einzelnen Gewerbe nicht durch Prüfungsausschüsse der Innungen und die im §. 129 Abs. 4 bezeichneten Lehrwerkstätten, gewerblichen Unterrichtsanstalten und Prüfungsbehörden gesorgt ist, hat die Handwerkskammer die erforderlichen Prüfungsausschüsse zu errichten.

131 a. Die Prüfungsausschüsse bestehen aus einem Vorsitzenden und mindestens zwei Beisitzern.

Der Vorsitzende des Prüfungsausschusses wird von der Handwerkskammer bestellt. Von den Beisitzern wird bei dem Prüfungsausschuß einer Innung die Hälfte durch diese, die andere Hälfte aus der Zahl der Gesellen, welche eine Gesellenprüfung bestanden haben, durch den Gesellenausschuß bestellt. Bei den von der Handwerkskammer errichteten Prüfungsausschüssen werden auch die Beisitzer von der Handwerkskammer bestellt; die Hälfte der Beisitzer muß aus Gesellen bestehen.

Die Bestellung der Mitglieder der Prüfungsausschüsse erfolgt in der Regel auf drei Jahre.

Während der ersten sechs Jahre nach dem Inkrafttreten dieser Bestimmungen können auch Gesellen (Gehülfen), welche die Gesellenprüfung nicht abgelegt haben, gewählt werden, wenn sie eine Lehrzeit von mindestens zwei Jahren zurückgelegt haben.

131 b. Die Prüfung hat den Nachweis zu erbringen, daß der Lehrling die in seinem Gewerbe gebräuchlichen Handgriffe und Fertigkeiten mit genügender Sicherheit ausübt und sowohl über den Werth, die Beschaffung, Aufbewahrung und Behandlung der zu verarbeitenden Rohmaterialien, als auch über die Kennzeichen ihrer guten oder schlechten Beschaffenheit unterrichtet ist.

Im Uebrigen werden das Verfahren vor dem Prüfungsausschusse, der Gang der Prüfung und die Höhe der Prüfungsgebühren durch eine Prüfungsordnung geregelt, welche von der höheren Verwaltungsbehörde im Einvernehmen mit der Handwerkskammer erlassen wird. Kommt ein Einvernehmen nicht zu Stande, so entscheidet die Landes-Zentralbehörde.

Durch die Prüfungsordnung kann bestimmt werden, daß die Prüfung auch in der Buch- und Rechnungsführung zu erfolgen hat. In diesem Falle ist der Prüfungsausschuß befugt, einen besonderen Sachverständigen zuzuziehen, welcher an der Prüfung mit vollem Stimmrechte Theil nimmt. Bei Stimmengleichheit giebt die Stimme des Vorsitzenden den Ausschlag.

Die Kosten der Prüfung werden, sofern diese von dem Prüfungsausschuß einer Innung abgehalten wird, von letzterer, im Uebrigen von der Handwerkskammer getragen. Diesen fließen die Prüfungsgebühren zu.

131c. Die Innung und der Lehrherr sollen den Lehrling anhalten, sich nach Ablauf der Lehrzeit der Gesellenprüfung (§. 129 Abs. 1) zu unterziehen.

Das Gesuch um Zulassung zur Prüfung hat der Lehrling an den Prüfungsausschuß zu richten. Dem Gesuche sind das Lehrzeugniß (§. 127c) und, sofern der Prüfling während der Lehrzeit zum Besuch einer Fortbildungs-

oder Fachschule verpflichtet war, die Zeugnisse über den Schulbesuch beizufügen.

Der Prüfungsausschuß hat das Ergebniß der Prüfung auf dem Lehrzeugniß oder Lehrbriefe zu beurkunden. Wird die Prüfung nicht bestanden, so hat der Prüfungsausschuß den Zeitraum zu bestimmen, vor dessen Ablaufe die Prüfung nicht wiederholt werden darf.

Die Prüfungszeugnisse sind kosten- und stempelfrei.

132. Der Vorsitzende ist berechtigt, Beschlüsse des Prüfungsausschusses mit aufschiebender Wirkung zu beanstanden. Ueber die Beanstandung entscheidet die Handwerkskammer (§. 103 e Ziffer 6).

132 a. Die Landes-Zentralbehörden sind befugt, die Bestellung der Prüfungsausschüsse, das Verfahren bei der Prüfung, die Gegenstände der Prüfung sowie die Prüfungsgebühren abweichend von den Vorschriften der §§. 131 bis 132 zu regeln, dabei darf jedoch hinsichtlich der bei der Prüfung zu stellenden Anforderungen nicht unter das im §. 131 b Abs. 1 bestimmte Maß herabgegangen werden.

IIIa. Meistertitel.

133. Den Meistertitel in Verbindung mit der Bezeichnung eines Handwerkers dürfen nur Handwerker führen, wenn sie in ihrem Gewerbe die Befugniß zur Anleitung von Lehrlingen erworben (§. 129) und die Meisterprüfung bestanden haben. Zu letzterer sind sie in der Regel nur zuzulassen, wenn sie mindestens drei Jahre als Geselle (Gehülfe) in ihrem Gewerbe thätig gewesen sind. Die Abnahme der Prüfung erfolgt durch Prüfungskommissionen, welche aus einem Vorsitzenden und vier Beisitzern bestehen.

Die Errichtung der Prüfungskommissionen erfolgt nach Anhörung der Handwerkskammer durch Verfügung der höheren Verwaltungsbehörde, welche auch die Mitglieder ernennt; die Ernennung erfolgt auf drei Jahre.

Die Prüfung hat den Nachweis der Befähigung zur selbständigen Ausführung und Kostenberechnung der gewöhnlichen Arbeiten des Gewerbes sowie der zu dem selbständigen Betriebe desselben sonst nothwendigen Kenntnisse, insbesondere auch der Buch- und Rechnungsführung, zu erbringen.

Das Verfahren vor der Prüfungskommission, der Gang der Prüfung und die Höhe der Prüfungsgebühren werden durch eine von der Handwerkskammer mit Genehmigung der Landes-Zentralbehörde zu erlassende Prüfungsordnung geregelt.

Die Kosten der Prüfungskommissionen fallen der Handwerkskammer zur Last, welcher die Prüfungsgebühren zufließen.

Die Prüfungszeugnisse sind kosten- und stempelfrei.

Der Meisterprüfung im Sinne der vorstehenden Bestimmungen können von der Landes-Zentralbehörde die von ihr angeordneten Prüfungen bei Anstalten und Einrichtungen der im §. 129 Abs. 4 bezeichneten Art gleichgestellt werden, sofern bei denselben mindestens die gleichen Anforderungen gestellt werden wie bei den im Abs. 1 vorgesehenen Prüfungen.

IIIb. Verhältnisse der Betriebsbeamten, Werkmeister, Techniker.

133 a. Das Dienstverhältniß der von Gewerbeunternehmern gegen feste Bezüge beschäftigten Personen, welche nicht lediglich vorübergehend mit der Leitung oder Beaufsichtigung des Betriebs oder einer Abtheilung desselben beauftragt (Betriebsbeamte, Werkmeister und ähnliche Angestellte) oder mit höheren technischen Dienstleistungen betraut sind (Maschinentechniker, Bautechniker, Chemiker, Zeichner und dergleichen), kann, wenn nicht etwas Anderes verabredet ist, von jedem Theile mit Ablauf jedes Kalendervierteljahrs nach sechs Wochen vorher erklärter Aufkündigung aufgehoben werden.

133aa. Wird durch Vertrag eine kürzere oder längere Kündigungsfrist bedungen, so muß sie für beide Theile gleich sein; sie darf nicht weniger als einen Monat betragen.

Die Kündigung kann nur für den Schluß eines Kalendermonats zugelassen werden.

Die Vorschriften des Abs. 1 finden auch in dem Falle Anwendung, wenn das Dienstverhältniß für bestimmte Zeit mit der Vereinbarung eingegangen wird, daß es in Ermangelung einer vor dem Ablaufe der Vertragszeit erfolgten Kündigung als verlängert gelten soll.

Eine Vereinbarung, die diesen Vorschriften zuwiderläuft, ist nichtig.

133ab. Die Vorschriften des §. 133aa finden keine

Anwendung, wenn der Angestellte ein Gehalt von mindestens fünftausend Mark für das Jahr bezieht.

Sie bleiben ferner außer Anwendung, wenn der Angestellte für eine außereuropäische Niederlassung angenommen ist und nach dem Vertrage der Arbeitgeber für den Fall, daß er das Dienstverhältniß kündigt, die Kosten der Rückreise des Angestellten zu tragen hat.

133 ac. Wird ein Angestellter nur zur vorübergehenden Aushülfe genommen, so finden die Vorschriften des §. 133 aa keine Anwendung, es sei denn, daß das Dienstverhältniß über die Zeit von drei Monaten hinaus fortgesetzt wird. Die Kündigungsfrist muß jedoch auch in einem solchen Falle für beide Theile gleich sein.

133 b. Jeder der beiden Theile kann vor Ablauf der vertragsmäßigen Zeit und ohne Innehaltung einer Kündigungsfrist die Aufhebung des Dienstverhältnisses verlangen, wenn ein wichtiger, nach den Umständen des Falles die Aufhebung rechtfertigender Grund vorliegt.

133 c. Gegenüber den im §. 133 a bezeichneten Personen kann die Aufhebung des Dienstverhältnisses insbesondere verlangt werden:

1. wenn sie beim Abschlusse des Dienstvertrags den Arbeitgeber durch Vorbringung falscher oder verfälschter Zeugnisse hintergangen oder ihn über das Bestehen eines anderen, sie gleichzeitig verpflichtenden Dienstverhältnisses in einen Irrthum versetzt haben;
2. wenn sie im Dienste untreu sind oder das Vertrauen mißbrauchen;
3. wenn sie ihren Dienst unbefugt verlassen oder den

nach dem Dienstvertrag ihnen obliegenden Verpflichtungen nachzukommen, beharrlich verweigern;

4. wenn sie durch anhaltende Krankheit oder durch eine längere Freiheitsstrafe oder Abwesenheit an der Verrichtung ihrer Dienste verhindert werden;
5. wenn sie sich Thätlichkeiten oder Ehrverletzungen gegen den Arbeitgeber oder seinen Vertreter zu Schulden kommen lassen;
6. wenn sie sich einem unsittlichen Lebenswandel ergeben.

In dem Falle zu 4 bleibt der Anspruch auf die vertragsmäßigen Leistungen des Arbeitgebers für die Dauer von sechs Wochen in Kraft, wenn die Verrichtung der Dienste durch unverschuldetes Unglück verhindert worden ist. Jedoch mindern sich die Ansprüche in diesem Falle um denjenigen Betrag, welcher dem Berechtigten aus einer auf Grund gesetzlicher Verpflichtung bestehenden Krankenversicherung oder Unfallversicherung zukommt.

133d. Die im §. 133a bezeichneten Personen können die Auflösung des Dienstverhältnisses insbesondere verlangen:

1. wenn der Arbeitgeber oder seine Vertreter sich Thätlichkeiten oder Ehrverletzungen gegen sie zu Schulden kommen lassen;
2. wenn der Arbeitgeber die vertragsmäßigen Leistungen nicht gewährt;
3. wenn bei Fortsetzung des Dienstverhältnisses ihr Leben oder ihre Gesundheit einer erweislichen Gefahr ausgesetzt sein würde, welche bei Eingehung des Dienstverhältnisses nicht zu erkennen war.

133 e. Auf die im §. 133a bezeichneten Personen finden die Bestimmungen der §§. 124b und 125 Anwendung, dagegen nicht die Bestimmungen des §. 119a.

133 f. Eine Vereinbarung zwischen dem Gewerbeunternehmer und einem der im §. 133a bezeichneten Angestellten, durch die der Angestellte für die Zeit nach der Beendigung des Dienstverhältnisses in seiner gewerblichen Thätigkeit beschränkt wird, ist für den Angestellten nur insoweit verbindlich, als die Beschränkung nach Zeit, Ort und Gegenstand nicht die Grenzen überschreitet, durch welche eine unbillige Erschwerung seines Fortkommens ausgeschlossen wird.

Die Vereinbarung ist nichtig, wenn der Angestellte zur Zeit des Abschlusses minderjährig ist.

IV. Verhältnisse der Fabrikarbeiter.

134. Auf Fabrikarbeiter finden die Bestimmungen der §§. 121 bis 125 oder, wenn die Fabrikarbeiter als Lehrlinge anzusehen sind, die Bestimmungen der §§. 126 bis 128 Anwendung.

Den Unternehmern von Fabriken, in welchen in der Regel mindestens zwanzig Arbeiter beschäftigt werden, ist untersagt, für den Fall der rechtswidrigen Auflösung des Arbeitsverhältnisses durch den Arbeiter die Verwirkung des rückständigen Lohnes über den Betrag des durchschnittlichen Wochenlohns hinaus auszubedingen. Auf die Arbeitgeber und Arbeiter in solchen Fabriken finden die Bestimmungen des §. 124b keine Anwendung.

In Fabriken, für welche besondere Bestimmungen auf Grund des §. 114 a Abs. 1 nicht erlassen sind, ist auf Kosten des Arbeitgebers für jeden minderjährigen Arbeiter ein Lohnzahlungsbuch einzurichten. In das Lohnzahlungsbuch ist bei jeder Lohnzahlung der Betrag des verdienten Lohnes einzutragen; es ist bei der Lohnzahlung dem Minderjährigen oder seinem gesetzlichen Vertreter auszuhändigen und von dem Empfänger vor der nächsten Lohnzahlung zurückzureichen. Auf das Lohnzahlungsbuch finden die Bestimmungen des §. 110 Satz 1 und des §. 111 Abs. 2 bis 4 Anwendung.

134 a. Für jede Fabrik, in welcher in der Regel mindestens zwanzig Arbeiter beschäftigt werden, ist innerhalb vier Wochen nach Inkrafttreten dieses Gesetzes oder nach der Eröffnung des Betriebs eine Arbeitsordnung zu erlassen. Für die einzelnen Abtheilungen des Betriebs oder für die einzelnen Gruppen der Arbeiter können besondere Arbeitsordnungen erlassen werden. Der Erlaß erfolgt durch Aushang (§. 134 e Abs. 2).

Die Arbeitsordnung muß den Zeitpunkt, mit welchem sie in Wirksamkeit treten soll, angeben und von demjenigen, welcher sie erläßt, unter Angabe des Datums unterzeichnet sein.

Abänderungen ihres Inhalts können nur durch den Erlaß von Nachträgen oder in der Weise erfolgen, daß an Stelle der bestehenden eine neue Arbeitsordnung erlassen wird.

Die Arbeitsordnungen und Nachträge zu denselben

treten frühestens zwei Wochen nach ihrem Erlaß in Geltung.

134 b. Die Arbeitsordnung muß Bestimmungen enthalten:

1. über Anfang und Ende der regelmäßigen täglichen Arbeitszeit sowie der für die erwachsenen Arbeiter vorgesehenen Pausen;
2. über Zeit und Art der Abrechnung und Lohnzahlung mit der Maßgabe, daß die regelmäßige Lohnzahlung nicht am Sonntage stattfinden darf. Ausnahmen können von der unteren Verwaltungsbehörde zugelassen werden;
3. sofern es nicht bei den gesetzlichen Bestimmungen bewenden soll, über die Frist der zulässigen Aufkündigung sowie über die Gründe, aus welchen die Entlassung und der Austritt aus der Arbeit ohne Aufkündigung erfolgen darf;
4. sofern Strafen vorgesehen werden, über die Art und Höhe derselben, über die Art ihrer Festsetzung und, wenn sie in Geld bestehen, über deren Einziehung und über den Zweck, für welchen sie verwendet werden sollen;
5. sofern die Verwirkung von Lohnbeträgen nach Maßgabe der Bestimmung des §. 134 Abs. 2 durch Arbeitsordnung oder Arbeitsvertrag ausbedungen wird, über die Verwendung der verwirkten Beträge.

Strafbestimmungen, welche das Ehrgefühl oder die guten Sitten verletzen, dürfen in die Arbeitsordnung nicht aufgenommen werden. Geldstrafen dürfen die Hälfte des durchschnittlichen Tagesarbeitsverdienstes nicht übersteigen; jedoch können Thätlichkeiten gegen Mitarbeiter, erhebliche Verstöße gegen die guten Sitten sowie gegen die zur Aufrechthaltung der Ordnung des Betriebs, zur Sicherung eines gefahrlosen Betriebs oder zur Durchführung der Bestimmungen der Gewerbeordnung erlassenen Vorschriften mit Geldstrafen bis zum vollen Betrage des durchschnittlichen Tagesarbeitsverdienstes belegt werden. Alle Strafgelder müssen zum Besten der Arbeiter der Fabrik verwendet werden. Das Recht des Arbeitgebers, Schadensersatz zu fordern, wird durch diese Bestimmung nicht berührt.

Dem Besitzer der Fabrik bleibt überlassen, neben den im Abs. 1 unter 1 bis 5 bezeichneten, noch weitere die Ordnung des Betriebs und das Verhalten der Arbeiter im Betriebe betreffende Bestimmungen in die Arbeitsordnung aufzunehmen. Mit Zustimmung eines ständigen Arbeiterausschusses können in die Arbeitsordnung Vorschriften über das Verhalten der Arbeiter bei Benutzung der zu ihrem Besten getroffenen mit der Fabrik verbundenen Einrichtungen sowie Vorschriften über das Verhalten der minderjährigen Arbeiter außerhalb des Betriebs aufgenommen werden.

134 c. Der Inhalt der Arbeitsordnung ist, soweit er den Gesetzen nicht zuwiderläuft, für die Arbeitgeber und Arbeiter rechtsverbindlich.

Andere als die in der Arbeitsordnung oder in den §§. 123 und 124 vorgesehenen Gründe der Entlassung und des Austritts aus der Arbeit dürfen im Arbeitsvertrage nicht vereinbart werden. Andere als die in der Arbeitsordnung vorgesehenen Strafen dürfen über den Arbeiter nicht verhängt werden. Die Strafen müssen ohne Verzug festgesetzt und dem Arbeiter zur Kenntniß gebracht werden.

Die verhängten Geldstrafen sind in ein Verzeichniß einzutragen, welches den Namen des Bestraften, den Tag der Bestrafung sowie den Grund und die Höhe der Strafe ergeben und auf Erfordern dem im §. 139b bezeichneten Beamten jederzeit zur Einsicht vorgelegt werden muß.

134 d. Vor dem Erlasse der Arbeitsordnung oder eines Nachtrags zu derselben ist den in der Fabrik oder in den betreffenden Abtheilungen des Betriebs beschäftigten großjährigen Arbeitern Gelegenheit zu geben, sich über den Inhalt derselben zu äußern.

Für Fabriken, für welche ein ständiger Arbeiterausschuß besteht, wird dieser Vorschrift durch Anhörung des Ausschusses über den Inhalt der Arbeitsordnung genügt.

134 e. Die Arbeitsordnung sowie jeder Nachtrag zu derselben ist unter Mittheilung der seitens der Arbeiter geäußerten Bedenken, soweit die Aeußerungen schriftlich oder zu Protokoll erfolgt sind, binnen drei Tagen nach dem Erlaß in zwei Ausfertigungen unter Beifügung der Erklärung, daß und in welcher Weise der Vorschrift des §. 134d genügt ist, der unteren Verwaltungsbehörde einzureichen.

Die Arbeitsordnung ist an geeigneter, allen betheiligten Arbeitern zugänglicher Stelle auszuhängen. Der Aushang muß stets in lesbarem Zustande erhalten werden. Die

Arbeitsordnung ist jedem Arbeiter bei seinem Eintritt in die Beschäftigung zu behändigen.

134 f. Arbeitsordnungen und Nachträge zu denselben, welche nicht vorschriftsmäßig erlassen sind, oder deren Inhalt den gesetzlichen Bestimmungen zuwiderläuft, sind auf Anordnung der unteren Verwaltungsbehörde durch gesetzmäßige Arbeitsordnungen zu ersetzen oder den gesetzlichen Vorschriften entsprechend abzuändern.

Gegen diese Anordnung findet binnen zwei Wochen die Beschwerde an die höhere Verwaltungsbehörde statt.

134 g. Arbeitsordnungen, welche vor dem Inkrafttreten dieses Gesetzes erlassen worden sind, unterliegen den Bestimmungen der §§. 134 a bis 134 c, 134 e Abs. 2 und des §. 134 f und sind binnen vier Wochen der unteren Verwaltungsbehörde in zwei Ausfertigungen einzureichen. Auf spätere Abänderungen dieser Arbeitsordnungen und auf die seit dem 1. Januar 1891 erstmalig erlassenen Arbeitsordnungen finden die §§. 134 d und 134 e Abs. 1 Anwendung.

134 h. Als ständige Arbeiterausschüsse im Sinne des §. 134 b Abs. 3 und des §. 134 d gelten nur:

1. diejenigen Vorstände der Betriebs- (Fabrik-) Krankenkassen oder anderer für die Arbeiter der Fabrik bestehender Kasseneinrichtungen, deren Mitglieder in ihrer Mehrheit von den Arbeitern aus ihrer Mitte zu wählen sind, sofern sie als ständige Arbeiterausschüsse bestellt werden;
2. die Knappschaftsältesten von Knappschaftsvereinen, welche die nicht den Bestimmungen der Berggesetze

unterstehenden Betriebe eines Unternehmers umfassen, sofern sie als ständige Arbeiterausschüsse bestellt werden;

3. die bereits vor dem 1. Januar 1891 errichteten ständigen Arbeiterausschüsse, deren Mitglieder in ihrer Mehrzahl von den Arbeitern aus ihrer Mitte gewählt werden;
4. solche Vertretungen, deren Mitglieder in ihrer Mehrzahl von den volljährigen Arbeitern der Fabrik oder der betreffenden Betriebsabtheilung aus ihrer Mitte in unmittelbarer und geheimer Wahl gewählt werden. Die Wahl der Vertreter kann auch nach Arbeiterklassen oder nach besonderen Abtheilungen des Betriebs erfolgen.

135. Kinder unter dreizehn Jahren dürfen in Fabriken nicht beschäftigt werden. Kinder über dreizehn Jahre dürfen in Fabriken nur beschäftigt werden, wenn sie nicht mehr zum Besuche der Volksschule verpflichtet sind.

Die Beschäftigung von Kindern unter vierzehn Jahren darf die Dauer von sechs Stunden täglich nicht überschreiten.

Junge Leute zwischen vierzehn und sechzehn Jahren dürfen in Fabriken nicht länger als zehn Stunden täglich beschäftigt werden.

136. Die Arbeitsstunden der jugendlichen Arbeiter (§. 135) dürfen nicht vor fünfeinhalb Uhr Morgens beginnen und nicht über achteinhalb Uhr Abends dauern. Zwischen den Arbeitsstunden müssen an jedem Arbeitstage regelmäßige Pausen gewährt werden. Für jugendliche Arbeiter, welche nur sechs Stunden täglich beschäftigt werden, muß die Pause mindestens eine halbe Stunde betragen. Den übrigen jugendlichen Arbeitern muß mindestens Mittags eine einstündige sowie Vormittags und Nachmittags je eine halbstündige Pause gewährt werden. Eine Vor- und Nachmittagspause braucht nicht gewährt zu werden, sofern die jugendlichen Arbeiter täglich nicht länger als acht Stunden beschäftigt werden, und die Dauer ihrer durch eine Pause nicht unterbrochenen Arbeitszeit am Vor- und Nachmittage je vier Stunden nicht übersteigt.

Während der Pausen darf den jugendlichen Arbeitern eine Beschäftigung in dem Fabrikbetrieb überhaupt nicht und der Aufenthalt in den Arbeitsräumen nur dann gestattet werden, wenn in denselben diejenigen Theile des Betriebs, in welchen jugendliche Arbeiter beschäftigt sind, für die Zeit der Pausen völlig eingestellt werden oder wenn der Aufenthalt im Freien nicht thunlich und andere geeignete Aufenthaltsräume ohne unverhältnißmäßige Schwierigkeiten nicht beschafft werden können.

An Sonn- und Festtagen sowie während der von dem ordentlichen Seelsorger für den Katechumenen- und Konfirmanden-, Beicht- und Kommunionunterricht bestimmten Stunden dürfen jugendliche Arbeiter nicht beschäftigt werden.

137. Arbeiterinnen dürfen in Fabriken nicht in der Nachtzeit von achteinhalb Uhr Abends bis fünfeinhalb Uhr Morgens und am Sonnabend sowie an Vorabenden der Festtage nicht nach fünfeinhalb Uhr Nachmittags beschäftigt werden.

Die Beschäftigung von Arbeiterinnen über sechzehn Jahre darf die Dauer von elf Stunden täglich, an den Vorabenden der Sonn- und Festtage von zehn Stunden, nicht überschreiten.

Zwischen den Arbeitsstunden muß den Arbeiterinnen eine mindestens einstündige Mittagspause gewährt werden.

Arbeiterinnen über sechzehn Jahre, welche ein Hauswesen zu besorgen haben, sind auf ihren Antrag eine halbe Stunde vor der Mittagspause zu entlassen, sofern diese nicht mindestens ein und eine halbe Stunde beträgt.

Wöchnerinnen dürfen während vier Wochen nach ihrer Niederkunft überhaupt nicht und während der folgenden zwei Wochen nur beschäftigt werden, wenn das Zeugniß eines approbirten Arztes dies für zulässig erklärt.

138. Sollen Arbeiterinnen oder jugendliche Arbeiter in Fabriken beschäftigt werden, so hat der Arbeitgeber vor dem Beginne der Beschäftigung der Ortspolizeibehörde eine schriftliche Anzeige zu machen.

In der Anzeige sind die Fabrik, die Wochentage, an welchen die Beschäftigung stattfinden soll, Beginn und Ende der Arbeitszeit und der Pausen, sowie die Art der Beschäftigung anzugeben. Eine Aenderung hierin darf, abgesehen von Verschiebungen, welche durch Ersetzung behinderter Arbeiter für einzelne Arbeitsschichten nothwendig werden, nicht erfolgen, bevor eine entsprechende weitere Anzeige der Behörde gemacht ist. In jeder Fabrik hat der Arbeitgeber dafür zu sorgen, daß in den Fabrikräumen, in welchen jugendliche Arbeiter beschäftigt werden, an einer in die Augen fallenden Stelle ein Verzeichniß der jugendlichen Arbeiter unter Angabe ihrer Arbeitstage, sowie des Beginns und Endes ihrer Arbeitszeit und der Pausen ausgehängt ist. Ebenso hat er dafür zu sorgen, daß in den betreffenden Räumen eine Tafel ausgehängt ist, welche in der von der Zentralbehörde zu bestimmenden Fassung und in deutlicher Schrift einen Auszug aus den Bestimmungen über die Beschäftigung von Arbeiterinnen und jugendlichen Arbeitern enthält.

138a. Wegen außergewöhnlicher Häufung der Arbeit kann auf Antrag des Arbeitgebers die untere Verwaltungsbehörde auf die Dauer von zwei Wochen die Beschäftigung von Arbeiterinnen über sechzehn Jahre bis zehn Uhr Abends an den Wochentagen außer Sonnabend unter der Voraussetzung gestatten, daß die tägliche Arbeitszeit dreizehn Stunden nicht überschreitet. Innerhalb eines Kalenderjahrs darf die Erlaubniß einem Arbeitgeber für seinen Betrieb oder für eine Abtheilung seines Betriebs auf mehr als vierzig Tage nicht ertheilt werden.

Für eine zwei Wochen überschreitende Dauer kann die gleiche Erlaubniß nur von der höheren Verwaltungsbehörde und auch von dieser für mehr als vierzig Tage im Jahre nur dann ertheilt werden, wenn die Arbeitszeit für den Betrieb oder die betreffende Abtheilung des Betriebs so geregelt wird, daß ihre tägliche Dauer im Durchschnitt der Betriebstage des Jahres die regelmäßige gesetzliche Arbeitszeit nicht überschreitet.

Der Antrag ist schriftlich zu stellen und muß den Grund, aus welchem die Erlaubniß beantragt wird, die Zahl der in Betracht kommenden Arbeiterinnen, das Maß der längeren Beschäftigung sowie den Zeitraum angeben, für welchen dieselbe stattfinden soll. Der Bescheid der unteren Verwaltungsbehörde auf den Antrag ist binnen drei Tagen schriftlich zu ertheilen. Gegen die Versagung der Erlaubniß steht die Beschwerde an die vorgesetzte Behörde zu.

Die untere Verwaltungsbehörde hat über die Fälle, in welchen die Erlaubniß ertheilt worden ist, ein Verzeichniß zu führen, in welches der Name des Arbeitgebers und die für den schriftlichen Antrag vorgeschriebenen Angaben einzutragen sind.

Die untere Verwaltungsbehörde kann die Beschäftigung von Arbeiterinnen über sechzehn Jahre, welche kein Hauswesen zu besorgen haben und eine Fortbildungsschule nicht besuchen, bei den im §. 105c Abs. 1 unter Ziffer 3 und 4 bezeichneten Arbeiten an Sonnabenden und Vorabenden von Festtagen Nachmittags nach fünfeinhalb Uhr, jedoch nicht über achteinhalb Uhr Abends hinaus gestatten. Die Erlaubniß ist schriftlich zu ertheilen. Eine Abschrift derselben ist in den Fabrikräumen, in welchen die Arbeiterinnen beschäftigt werden, an einer in die Augen fallenden Stelle auszuhängen.

139. Wenn Naturereignisse oder Unglücksfälle den regelmäßigen Betrieb einer Fabrik unterbrochen haben, so können Ausnahmen von den im §. 135 Abs. 2, 3, in §§. 136, 137 Abs. 1 bis 3 vorgesehenen Beschränkungen auf die Dauer von vier Wochen durch die höhere Verwaltungsbehörde auf längere Zeit durch den Reichskanzler zugelassen werden. In dringenden Fällen solcher Art sowie zur Verhütung von Unglücksfällen kann die untere Verwaltungsbehörde, jedoch höchstens auf die Dauer von vierzehn Tagen, solche Ausnahmen gestatten.

Wenn die Natur des Betriebs oder Rücksichten auf die Arbeiter in einzelnen Fabriken es erwünscht erscheinen lassen, daß die Arbeitszeit der Arbeiterinnen oder jugendlichen Arbeiter in einer anderen als der durch §§. 136 und 137 Abs. 1, 3 vorgesehenen Weise geregelt wird, so kann auf besonderen Antrag eine anderweite Regelung hinsichtlich der Pausen durch die höhere Verwaltungsbehörde, im Uebrigen durch den Reichskanzler gestattet werden. Jedoch dürfen in solchen Fällen die jugendlichen Arbeiter nicht länger als sechs Stunden beschäftigt werden, wenn zwischen den Arbeitsstunden nicht Pausen von zusammen mindestens einstündiger Dauer gewährt werden.

Die auf Grund vorstehender Bestimmungen zu treffenden Verfügungen müssen schriftlich erlassen werden.

139 a. Der Bundesrath ist ermächtigt:

1. die Verwendung von Arbeiterinnen sowie von jugendlichen Arbeitern für gewisse Fabrikationszweige, welche mit besonderen Gefahren für Gesundheit oder Sittlichkeit verbunden sind, gänzlich zu untersagen oder von besonderen Bedingungen abhängig zu machen;
2. für Fabriken, welche mit ununterbrochenem Feuer betrieben werden, oder welche sonst durch die Art des Betriebs auf eine regelmäßige Tag- und

Nachtarbeit angewiesen sind, sowie für solche Fabriken, deren Betrieb eine Eintheilung in regelmäßige Arbeitsschichten von gleicher Dauer nicht gestattet oder seiner Natur nach auf bestimmte Jahreszeiten beschränkt ist, Ausnahmen von den im §. 135 Abs. 2, 3, in §§. 136, 137 Abs. 1 bis 3 vorgesehenen Bestimmungen nachzulassen;

3. für gewisse Fabrikationszweige, soweit die Natur des Betriebs oder die Rücksicht auf die Arbeiter es erwünscht erscheinen lassen, die Abkürzung oder den Wegfall der für jugendliche Arbeiter vorgeschriebenen Pausen zu gestatten;

4. für Fabrikationszweige, in denen regelmäßig zu gewissen Zeiten des Jahres ein vermehrtes Arbeitsbedürfniß eintritt, Ausnahmen von den Bestimmungen des §. 137 Abs. 1, 2 mit der Maßgabe zuzulassen, daß die tägliche Arbeitszeit dreizehn Stunden, an Sonnabenden zehn Stunden nicht überschreitet.

In den Fällen zu 2 darf die Dauer der wöchentlichen Arbeitszeit für Kinder sechsunddreißig Stunden, für junge Leute sechzig, für Arbeiterinnen fünfundsechzig, in Ziegeleien für junge Leute und Arbeiterinnen siebzig Stunden nicht überschreiten. Die Nachtarbeit darf in vierundzwanzig Stunden die Dauer von zehn Stunden nicht überschreiten und muß in jeder Schicht durch eine oder mehrere Pausen in der Gesammtdauer von mindestens einer Stunde unterbrochen sein. Die Tagschichten und Nachtschichten müssen wöchentlich wechseln.

In den Fällen zu 3 dürfen die jugendlichen Arbeiter nicht länger als sechs Stunden beschäftigt werden, wenn zwischen den Arbeitsstunden nicht eine oder mehrere Pausen von zusammen mindestens einstündiger Dauer gewährt werden.

In den Fällen zu 4 darf die Erlaubniß zur Ueberarbeit für mehr als vierzig Tage im Jahre nur dann ertheilt werden, wenn die Arbeitszeit so geregelt wird, daß ihre tägliche Dauer im Durchschnitte der Betriebstage des Jahres die regelmäßige gesetzliche Arbeitszeit nicht überschreitet.

Die durch Beschluß des Bundesraths getroffenen Bestimmungen sind zeitlich zu begrenzen und können auch für bestimmte Bezirke erlassen werden. Sie sind durch das Reichs-Gesetzblatt zu veröffentlichen und dem Reichstage bei seinem nächsten Zusammentritte zur Kenntnißnahme vorzulegen.

V. Aufsicht.

139b. Die Aufsicht über die Ausführung der Bestimmungen der §§. 105a, 105b Abs. 1, der §§. 105c bis 105h, 120a bis 120e, 134 bis 139a ist ausschließlich oder neben den ordentlichen Polizeibehörden besonderen von den Landesregierungen zu ernennenden Beamten zu übertragen. Denselben stehen bei Ausübung dieser Aufsicht alle amtlichen Befugnisse der Ortspolizeibehörden, insbesondere das Recht zur jederzeitigen Revision der Anlagen zu. Sie sind, vorbehaltlich der Anzeige von Gesetzwidrigkeiten, zur Geheimhaltung der amtlich zu ihrer

Kenntniß gelangenden Geschäfts- und Betriebsverhältnisse der ihrer Revision unterliegenden Anlagen zu verpflichten.

Die Ordnung der Zuständigkeitsverhältnisse zwischen diesen Beamten und den ordentlichen Polizeibehörden bleibt der verfassungsmäßigen Regelung in den einzelnen Bundesstaaten vorbehalten.

Die erwähnten Beamten haben Jahresberichte über ihre amtliche Thätigkeit zu erstatten. Diese Jahresberichte oder Auszüge aus denselben sind dem Bundesrath und dem Reichstage vorzulegen.

Die auf Grund der Bestimmungen der §§. 105a bis 105h, 120a bis 120e, 134 bis 139a auszuführenden amtlichen Revisionen müssen die Arbeitgeber zu jeder Zeit, namentlich auch in der Nacht, während des Betriebs gestatten.

Die Arbeitgeber sind ferner verpflichtet, den genannten Beamten oder der Polizeibehörde diejenigen statistischen Mittheilungen über die Verhältnisse ihrer Arbeiter zu machen, welche vom Bundesrath oder von der Landes-Zentralbehörde unter Festsetzung der dabei zu beobachtenden Fristen und Formen vorgeschrieben werden.

VI. Gehülfen, Lehrlinge und Arbeiter in offenen Verkaufsstellen.

139c. In offenen Verkaufsstellen und den dazu gehörenden Schreibstuben (Komtore) und Lagerräumen ist den Gehülfen, Lehrlingen und Arbeitern nach Beendigung der täglichen Arbeitszeit eine ununterbrochene Ruhezeit von mindestens zehn Stunden zu gewähren.

In Gemeinden, welche nach der jeweilig letzten Volkszählung mehr als zwanzigtausend Einwohner haben, muß die Ruhezeit in offenen Verkaufsstellen, in denen zwei oder mehr Gehülfen und Lehrlinge beschäftigt werden, für diese mindestens elf Stunden betragen; für kleinere Ortschaften kann diese Ruhezeit durch Ortsstatut vorgeschrieben werden.

Innerhalb der Arbeitszeit muß den Gehülfen, Lehrlingen und Arbeitern eine angemessene Mittagspause gewährt werden. Für Gehülfen, Lehrlinge und Arbeiter, die ihre Hauptmahlzeit außerhalb des die Verkaufsstelle enthaltenden Gebäudes einnehmen, muß diese Pause mindestens ein und eine halbe Stunde betragen.

139 d. Die Bestimmungen des §. 139 c finden keine Anwendung

1. auf Arbeiten, die zur Verhütung des Verderbens von Waaren unverzüglich vorgenommen werden müssen,
2. für die Aufnahme der gesetzlich vorgeschriebenen Inventur sowie bei Neueinrichtungen und Umzügen,
3. außerdem an jährlich höchstens dreißig von der Ortspolizeibehörde allgemein oder für einzelne Geschäftszweige zu bestimmenden Tagen.

139 e. Von neun Uhr Abends bis fünf Uhr Morgens müssen offene Verkaufsstellen für den geschäftlichen Verkehr geschlossen sein. Die beim Ladenschluß im Laden schon anwesenden Kunden dürfen noch bedient werden.

Ueber neun Uhr Abends dürfen Verkaufsstellen für den geschäftlichen Verkehr geöffnet sein

1. für unvorhergesehene Nothfälle,
2. an höchstens vierzig von der Ortspolizeibehörde zu bestimmenden Tagen, jedoch bis spätestens zehn Uhr Abends,
3. nach näherer Bestimmung der höheren Verwaltungsbehörde in Städten, welche nach der jeweilig letzten Volkszählung weniger als zweitausend Einwohner haben, sowie in ländlichen Gemeinden, sofern in denselben der Geschäftsverkehr sich vornehmlich auf einzelne Tage der Woche oder auf einzelne Stunden des Tages beschränkt.

Die Bestimmungen der §§. 139c und 139d werden durch die vorstehenden Bestimmungen nicht berührt.

Während der Zeit, wo die Verkaufsstellen geschlossen sein müssen, ist das Feilbieten von Waaren auf öffentlichen Wegen, Straßen, Plätzen oder an anderen öffentlichen Orten oder ohne vorherige Bestellung von Haus zu Haus im stehenden Gewerbebetriebe (§. 42b Abs. 1 Ziffer 1) sowie im Gewerbebetrieb im Umherziehen (§. 55 Abs. 1 Ziffer 1) verboten. Ausnahmen können von der Ortspolizeibehörde zugelassen werden. Die Bestimmung des §. 55a Abs. 2 Satz 2 findet Anwendung.

139f. Auf Antrag von mindestens zwei Dritteln der betheiligten Geschäftsinhaber kann für eine Gemeinde oder mehrere örtlich unmittelbar zusammenhängende Gemeinden durch Anordnung der höheren Verwaltungsbehörde nach Anhörung der Gemeindebehörden für alle oder einzelne Geschäftszweige angeordnet werden, daß die offenen Verkaufsstellen während bestimmter Zeiträume oder während des ganzen Jahres auch in der Zeit zwischen acht und neun Uhr Abends und zwischen fünf und sieben Uhr Morgens für den geschäftlichen Verkehr geschlossen sein müssen. Die Bestimmungen der §§. 139c und 139d werden hierdurch nicht berührt.

Auf Antrag von mindestens einem Drittel der betheiligten Geschäftsinhaber hat die höhere Verwaltungsbehörde die betheiligten Geschäftsinhaber durch ortsübliche Bekanntmachung oder besondere Mittheilung zu einer Aeußerung für oder gegen die Einführung des Ladenschlusses im Sinne des vorstehenden Absatzes aufzufordern. Erklären sich zwei Drittel der Abstimmenden für die Einführung, so kann die höhere Verwaltungsbehörde die entsprechende Anordnung treffen.

Der Bundesrath ist befugt, Bestimmungen darüber zu erlassen, in welchem Verfahren die erforderliche Zahl von Geschäftsinhabern festzustellen ist.

Während der Zeit, wo Verkaufsstellen auf Grund des Abs. 1 geschlossen sein müssen, ist der Verkauf von Waaren der in diesen Verkaufsstellen geführten Art sowie das Feilbieten von solchen Waaren auf öffentlichen Wegen, Straßen, Plätzen oder an anderen öffentlichen Orten oder ohne vorherige Bestellung von Haus zu Haus im stehenden Gewerbebetriebe (§. 42b Abs. 1 Ziffer 1) sowie im Gewerbebetrieb im Umherziehen (§. 55 Abs. 1 Ziffer 1) verboten. Ausnahmen können von der Ortspolizeibehörde zugelassen werden. Die Bestimmung des §. 55a Abs. 2 Satz 2 findet Anwendung.

139g. Die Polizeibehörden sind befugt, im Wege der Verfügung für einzelne offene Verkaufsstellen diejenigen Maßnahmen anzuordnen, welche zur Durchführung der im §. 62 Abs. 1 des Handelsgesetzbuchs enthaltenen Grundsätze in Ansehung der Einrichtung und Unterhaltung der Geschäftsräume und der für den Geschäftsbetrieb bestimmten Vorrichtungen und Geräthschaften sowie in Ansehung der Regelung des Geschäftsbetriebs erforderlich und nach der Beschaffenheit der Anlage ausführbar erscheinen.

Die Bestimmungen im §. 120d Abs. 2 bis 4 finden entsprechende Anwendung.

139h. Durch Beschluß des Bundesraths können Vorschriften darüber erlassen werden, welchen Anforderungen die Laden-, Arbeits- und Lagerräume und deren Einrichtung sowie die Maschinen und Geräthschaften zum Zwecke der Durchführung der im §. 62 Abs. 1 des Handelsgesetzbuchs enthaltenen Grundsätze zu genügen haben. Die Bestimmung im §. 120e Abs. 4 findet Anwendung.

Soweit solche Vorschriften durch Beschluß des Bundesraths nicht erlassen sind, können sie durch Anordnung der im §. 120e Abs. 2 bezeichneten Behörden erlassen werden.

139i. Die durch §. 76 Abs. 4 des Handelsgesetzbuchs sowie durch §. 120 Abs. 1 begründete Verpflichtung des Geschäftsinhabers findet an Orten, wo eine vom Staate oder der Gemeindebehörde anerkannte Fachschule besteht, hinsichtlich des Besuchs dieser Schule entsprechende Anwendung.

Der Geschäftsinhaber hat die Gehülfen und Lehrlinge unter achtzehn Jahren zum Besuche der Fortbildungs- und Fachschule anzuhalten und den Schulbesuch zu überwachen.

139k. Für jede offene Verkaufsstelle, in welcher in der Regel mindestens zwanzig Gehülfen und Lehrlinge beschäftigt werden, ist innerhalb vier Wochen nach Inkrafttreten dieses Gesetzes oder nach der Eröffnung des Betriebs eine Arbeitsordnung zu erlassen.

Auf die Arbeitsordnung finden die Vorschriften der §§. 134a, 134b Abs. 1 Ziffer 1 bis 4, Abs. 2, Abs. 3 Satz 1, des §. 134c Abs. 1, Abs. 2 Satz 2 und 3, des §. 134d Abs. 1 und der §§. 134e, 134f entsprechende Anwendung.

Andere als die in der Arbeitsordnung oder in den §§. 71 und 72 des Handelsgesetzbuchs vorgesehenen Gründe der Entlassung und des Austritts aus der Arbeit dürfen im Arbeitsvertrage nicht vereinbart werden.

Die verhängten Geldstrafen sind in ein Verzeichniß einzutragen, welches den Namen des Bestraften, den Tag der Bestrafung sowie den Grund und die Höhe der Strafe ergeben und auf Erfordern der Ortspolizeibehörde jederzeit zur Einsicht vorgelegt werden muß.

Auf Arbeitsordnungen, welche vor dem Inkrafttreten dieses Gesetzes erlassen worden sind, finden die Bestimmungen der §§. 134a, 134b Abs. 1 Ziffer 1 bis 4,

Abs. 2, Abs. 3 Satz 1, des §. 134c Abs. 1, Abs. 2 Satz 2 und 3, des §. 134e Abs. 2 und des §. 134f entsprechende Anwendung. Dieselben sind binnen vier Wochen der unteren Verwaltungsbehörde in zwei Ausfertigungen einzureichen. Auf spätere Abänderungen dieser Arbeitsordnungen und auf die seit dem 1. Oktober 1899 erstmalig erlassenen Arbeitsordnungen finden der §. 134d Abs. 1 und der §. 134e Abs. 1 entsprechende Anwendung.

139l. Auf das Halten von Lehrlingen in offenen Verkaufsstellen sowie in anderen Betrieben des Handelsgewerbes findet die Bestimmung des §. 128 Anwendung.

139m. Die Bestimmungen der §§. 139c bis 139i finden auf den Geschäftsbetrieb der Konsum- und anderer Vereine entsprechende Anwendung.

Titel VIII.

Gewerbliche Hülfskassen.

140. Die durch Ortsstatut oder Anordnung der Verwaltungsbehörde begründete Verpflichtung der selbständigen Gewerbetreibenden, einer mit einer Innung verbundenen oder außerhalb derselben bestehenden Kranken-, Hülfs- oder Sterbekasse für selbständige Gewerbetreibende beizutreten, wird aufgehoben. Im Uebrigen wird in den Verhältnissen dieser Kassen durch gegenwärtiges Gesetz nichts geändert.

Neue Kassen der selbständigen Gewerbetreibenden für die erwähnten Zwecke erhalten durch die Genehmigung der höheren Verwaltungsbehörde die Rechte juristischer Personen, soweit es zur Erlangung dieser Rechte einer besonderen staatlichen Genehmigung bedarf.

Titel IX.

Statutarische Bestimmungen.

142.*) Statutarische Bestimmungen einer Gemeinde oder eines weiteren Kommunalverbandes können die ihnen durch das Gesetz überwiesenen gewerblichen Gegenstände mit verbindlicher Kraft ordnen. Dieselben werden nach Anhörung betheiligter Gewerbetreibender und Arbeiter abgefaßt, bedürfen der Genehmigung der höheren Verwaltungsbehörde und sind in der für Bekanntmachungen der Gemeinde oder des weiteren Kommunalverbandes vorgeschriebenen oder üblichen Form zu veröffentlichen.

Die Zentralbehörde ist befugt, statutarische Bestimmungen, welche mit den Gesetzen oder den statutarischen Bestimmungen des weiteren Kommunalverbandes in Widerspruch stehen, außer Kraft zu setzen.

Titel X.

Strafbestimmungen.

143. Die Berechtigung zum Gewerbebetriebe kann, abgesehen von den in den Reichsgesetzen vorgesehenen Fällen ihrer Entziehung, weder durch richterliche, noch administrative Entscheidung entzogen werden.

Ausnahmen von diesem Grundsatze, welche durch die

*) Die §§. 141 bis 141f sind aufgehoben, §. 87 Gesetz vom 15. Juni 1883, Reichs-Gesetzbl. S. 73.

Steuergesetze begründet sind, bleiben solange aufrecht erhalten, als diese Steuergesetze in Kraft bleiben.

Die Bestimmungen der Landesgesetze, nach welchen die Befugniß zur Herausgabe von Druckschriften und zum Vertriebe derselben innerhalb des Reichsgebiets im Verwaltungswege entzogen werden darf, werden hierdurch aufgehoben.

144. Inwiefern, abgesehen von den Vorschriften über die Entziehung des Gewerbebetriebs (§. 143), Zuwiderhandlungen der Gewerbetreibenden gegen ihre Berufspflichten außer den in diesem Gesetz erwähnten Fällen einer Strafe unterliegen, ist nach den darüber bestehenden Gesetzen zu beurtheilen.

Jedoch werden aufgehoben die für Medizinalpersonen bestehenden besonderen Bestimmungen, welche ihnen unter Androhung von Strafen einen Zwang zu ärztlicher Hülfe auferlegen.

144a. Personen, welche den Bestimmungen der §§. 126, 126a und 129 entgegen Lehrlinge halten, anleiten oder anleiten lassen, können von der Ortspolizei-Behörde durch Zwangsstrafen zur Entlassung der Lehrlinge angehalten werden.

In gleicher Weise kann die Entlassung derjenigen Lehrlinge, welche den auf Grund des §. 81a Ziffer 3, des §. 128 Abs. 2 und des §. 130 erlassenen Vorschriften entgegen angenommen sind, verfügt werden.

145. Für das Mindestmaß der Strafen, das Verhältniß von Geldstrafe zur Freiheitsstrafe sowie für die

Verjährung der in den §§. 145 a, 146 und 153 verzeichneten Vergehen sind die Bestimmungen des Strafgesetzbuchs für das Deutsche Reich maßgebend.

Die übrigen in diesem Titel mit Strafe bedrohten Handlungen verjähren binnen drei Monaten, von dem Tage an gerechnet, an welchem sie begangen sind.

145 a. Die in den Fällen der §§. 16, 24 und 25 gemäß §. 21 Ziffer 1 zugezogenen Sachverständigen werden bestraft,

1. wenn sie unbefugt Betriebsgeheimnisse offenbaren, welche durch das Verfahren zu ihrer Kenntniß gelangt sind, mit Geldstrafe bis zu eintausendfünfhundert Mark oder mit Gefängniß bis zu drei Monaten;
2. wenn sie absichtlich zum Nachtheile der Betriebsunternehmer Betriebsgeheimnisse, welche durch das Verfahren zu ihrer Kenntniß gelangt sind, offenbaren oder geheim gehaltene Betriebseinrichtungen oder Betriebsweisen, welche durch das Verfahren zu ihrer Kenntniß gelangt sind, solange als diese Betriebsgeheimnisse sind, nachahmen, mit Gefängniß, neben welchem auf Verlust der bürgerlichen Ehrenrechte erkannt werden kann. Thun sie dies, um sich oder einem Anderen einen Vermögensvortheil zu verschaffen, so kann neben der Gefängnißstrafe auf Geldstrafe bis zu dreitausend Mark erkannt werden.

Im Falle der Ziffer 1 tritt die Verfolgung nur auf Antrag des Betriebsunternehmers ein.

146. Mit Geldstrafe bis zu zweitausend Mark und im Unvermögensfalle mit Gefängniß bis zu sechs Monaten werden bestraft:

1. Gewerbetreibende, welche dem §. 115 zuwiderhandeln;
2. Gewerbetreibende, welche den §§. 135 bis 137, 139c oder den auf Grund der §§. 139, 139a getroffenen Verfügungen zuwiderhandeln;
3. Gewerbetreibende, welche dem §. 111 Abs. 3, §. 113 Abs. 3 oder dem §. 114a Abs. 3, soweit daselbst die Bestimmungen des §. 111 Abs. 3 für anwendbar erklärt worden sind, zuwiderhandeln;
4. wer dem §. 56 Ziffer 6 zuwiderhandelt.

Die Geldstrafen fließen der im §. 116 bezeichneten Kasse zu.

Der §. 75 des Gerichtsverfassungsgesetzes findet Anwendung.

146a. Mit Geldstrafe bis zu sechshundert Mark, im Unvermögensfalle mit Haft wird bestraft, wer den §§. 105b bis 105g oder den auf Grund derselben erlassenen Anordnungen zuwider Arbeitern an Sonn- und Festtagen Beschäftigung giebt oder den §§. 41a, 55a, 139e, 139f Abs. 4 oder den auf Grund des §. 105b Abs. 2 erlassenen statutarischen Bestimmungen oder den auf Grund des §. 41b oder des §. 139f Abs. 1 getroffenen Anordnungen zuwiderhandelt.

147. Mit Geldstrafe bis zu dreihundert Mark und im Unvermögensfalle mit Haft wird bestraft:

1. wer den selbständigen Betrieb eines stehenden

Gewerbes, zu dessen Beginn eine besondere polizeiliche Genehmigung (Konzession, Approbation, Bestallung) erforderlich ist, ohne die vorschriftsmäßige Genehmigung unternimmt oder fortsetzt, oder von den in der Genehmigung festgesetzten Bedingungen abweicht;

2. wer eine gewerbliche Anlage, zu der mit Rücksicht auf die Lage oder Beschaffenheit der Betriebsstätte oder des Lokals eine besondere Genehmigung erforderlich ist (§§. 16 und 24), ohne diese Genehmigung errichtet, oder die wesentlichen Bedingungen, unter welchen die Genehmigung ertheilt worden, nicht innehält, oder ohne neue Genehmigung eine wesentliche Veränderung der Betriebsstätte oder eine Verlegung des Lokals oder eine wesentliche Veränderung in dem Betriebe der Anlage vornimmt;
3. wer, ohne hierzu approbirt zu sein, sich als Arzt (Wundarzt, Augenarzt, Geburtshelfer, Zahnarzt, Thierarzt) bezeichnet oder sich einen ähnlichen Titel beilegt, durch den der Glauben erweckt wird, der Inhaber desselben sei eine geprüfte Medizinalperson;
4. wer den auf Grund der §§. 120d, **139g** endgültig erlassenen Verfügungen oder den auf Grund der §§. 120e, 139h erlassenen Vorschriften zuwiderhandelt;
5. wer eine Fabrik betreibt oder eine offene Verkaufsstelle hält, für welche eine Arbeitsordnung (§§. **134a**, 139k) nicht besteht, oder wer der endgültigen An-

ordnung der Behörde wegen Ersetzung oder Abänderung der Arbeitsordnung nicht nachkommt.

Enthält die Handlung zugleich eine Zuwiderhandlung gegen die Steuergesetze, so soll nicht außerdem noch auf eine Steuerstrafe erkannt werden, es ist aber darauf bei Zumessung der Strafe Rücksicht zu nehmen.

In dem Falle zu 2 kann die Polizeibehörde die Wegschaffung der Anlage oder die Herstellung des den Bedingungen entsprechenden Zustandes derselben anordnen.

In dem Falle zu 4 kann die Polizeibehörde bis zur Herstellung des der Verfügung oder der Vorschrift entsprechenden Zustandes die Einstellung des Betriebs, soweit derselbe durch die Verfügung oder die Vorschrift getroffen wird, anordnen, falls dessen Fortsetzung erhebliche Nachtheile oder Gefahren herbeizuführen geeignet sein würde.

148. Mit Geldstrafe bis zu einhundertfünfzig Mark und im Unvermögensfalle mit Haft bis zu vier Wochen wird bestraft:

1. wer außer den im §. 147 vorgesehenen Fällen ein stehendes Gewerbe beginnt, ohne dasselbe vorschriftsmäßig anzuzeigen;
2. wer die im §. 14 erforderte An- oder Abmeldung einer übernommenen Feuerversicherungsagentur unterläßt;
3. wer die im §. 14 erforderten Anzeigen über das Betriebslokal unterläßt;
4. wer der nach §. 35 gegen ihn ergangenen Untersagung eines Gewerbebetriebs zuwiderhandelt, oder die im §. 35 vorgeschriebene Anzeige unterläßt;

4a. wer außer den Fällen des §. 360 Nr. 12, §. 367 Nr. 16 des Strafgesetzbuchs den auf Grund des §. 38 erlassenen Vorschriften zuwiderhandelt;

5. wer dem §. 33b oder außer den im §. 149 Ziffer 1 vorgesehenen Fällen den §§. 42a bis 44a zuwiderhandelt, oder seine Legitimationskarte (§. 44a) oder seinen Wandergewerbeschein (§. 55) einem Anderen zur Benutzung überläßt;

6. wer zum Zwecke der Erlangung einer Legitimationskarte, eines Wandergewerbescheins oder der im §. 62 vorgesehenen Erlaubniß in Bezug auf seine Person, oder die Personen, die er mit sich zu führen beabsichtigt, wissentlich unrichtige Angaben macht;

7. wer ein Gewerbe im Umherziehen ohne den gesetzlich erforderlichen Wandergewerbeschein, imgleichen wer eines der im §. 59 Ziffer 1 bis 3 bezeichneten Gewerbe der nach §. 59a ergangenen Untersagung zuwider betreibt;

7a. wer dem §. 56 Abs. 1, Abs. 2 Ziffer 1 bis 5, 7 bis 11, Abs. 3, den §§. 56a oder 56b zuwiderhandelt;

7b. wer den Vorschriften der §§. 56c, 60a, 60b Abs. 2, 3 oder des §. 60c Abs. 2, 3 zuwiderhandelt;

7c. wer einer ihm in Gemäßheit des §. 60 Abs. 1, §. 60b Abs. 1 oder des §. 60d Abs. 3 in dem Wandergewerbeschein auferlegten Beschränkung zuwiderhandelt;

7d. wer bei dem Gewerbebetrieb im Umherziehen Kinder unter vierzehn Jahren zu gewerblichen Zwecken mit sich führt oder zu dem nach §. 42b Abs. 5 verbotenen Gewerbebetriebe Kinder unter vierzehn Jahren anleitet oder ausschickt;

7e. ein Ausländer, welcher bei dem Gewerbebetrieb im Umherziehen den in Gemäßheit des §. 56d vom Bundesrathe getroffenen Bestimmungen zuwiderhandelt;

8. wer bei dem Betriebe seines Gewerbes die durch die Obrigkeit oder durch Anzeige bei derselben festgelegten Taxen überschreitet oder es unterläßt, das gemäß §. 75 oder §. 75a vorgeschriebene Verzeichniß einzureichen;

9. wer die gesetzlichen Pflichten gegen die ihm anvertrauten Lehrlinge verletzt;

9a. wer den §§. 126 und 126a zuwider Lehrlinge hält, anleitet oder anleiten läßt;

9b. wer dem §. 129 oder den auf Grund der §§. 128 und 130 erlassenen Vorschriften zuwider Lehrlinge hält, anleitet oder anleiten läßt;

9c. wer unbefugt den Meistertitel führt;

10. wer wissentlich der Bestimmung im §. 127e Abs. 2 zuwider einen Lehrling beschäftigt;

11. wer der Bestimmung des §. 134c Abs. 2 zuwider gegen Arbeiter Strafen verhängt, welche in der Arbeitsordnung nicht vorgesehen sind oder den gesetzlich zulässigen Betrag übersteigen, oder wer Strafgelder oder die im §. 134b Ziffer 5 be-

zeichneten Beträge in einer in der Arbeitsordnung nicht vorgesehenen Weise verwendet;

12. wer es unterläßt, der durch §. 134e Abs. 1, §§. 134g, 139k Abs. 5 für ihn begründeten Verpflichtung zur Einreichung der Arbeitsordnung, ihrer Abänderungen und Nachträge nachzukommen;
13. wer dem §. 115a oder den auf Grund des §. 119a erlassenen statutarischen Bestimmungen zuwiderhandelt;
14. wer den Vorschriften des §. 15a zuwiderhandelt.

In allen diesen Fällen bleibt die Strafe ausgeschlossen, wenn die strafbare Handlung zugleich eine Zuwiderhandlung gegen die Steuergesetze enthält.

149. Mit Geldstrafe bis zu dreißig Mark und im Unvermögensfalle mit Haft bis zu acht Tagen wird bestraft:

1. wer den im §. 42b vorgesehenen Erlaubnißschein oder den im §. 43 vorgesehenen Legitimationsschein während der Ausübung des Gewerbebetriebs nicht bei sich führt, oder den Bestimmungen des §. 44a Abs. 2 zuwiderhandelt;
2. wer bei dem Gewerbebetrieb im Umherziehen dem letzten Absatze des §. 56 oder dem §. 60c Abs. 1 zuwiderhandelt;
3. wer ein Gewerbe im Umherziehen, für welches ihm ein auf einen bestimmten Bezirk lautender Wandergewerbeschein ertheilt ist, unbefugt in einem anderen Bezirke betreibt;

4. wer ein Gewerbe im Umherziehen mit anderen Waarengattungen oder unter Darbietung anderer Leistungen betreibt, als sein Wandergewerbeschein angiebt;

5. wer bei dem Gewerbebetrieb im Umherziehen unbefugt Personen mit sich führt, oder einen Gewerbtreibenden, zu welchem er nicht in dem Verhältnisse eines Ehegatten, Kindes oder Enkels steht, unbefugt begleitet;

6. wer den polizeilichen Anordnungen wegen des Marktverkehrs zuwiderhandelt;

7. wer es unterläßt, den durch §. 105c Abs. 2, §. 134e Abs. 2, §§. 138, 138a Abs. 5, §. 139b für ihn begründeten Verpflichtungen nachzukommen;

7a. wer es unterläßt, gemäß §§. 75, 75a das Verzeichniß anzuschlagen oder dem Stellesuchenden vor Abschluß des Vermittelungsgeschäfts die für ihn zur Anwendung kommende Taxe mitzutheilen.

In allen diesen Fällen bleibt die Strafe ausgeschlossen, wenn die strafbare Handlung zugleich eine Zuwiderhandlung gegen die Steuergesetze enthält.

150. Mit Geldstrafe bis zu zwanzig Mark und im Unvermögensfalle mit Haft bis zu drei Tagen für jeden Fall der Verletzung des Gesetzes wird bestraft:

1. wer den Bestimmungen der §§. 106 bis 112 zuwider einen Arbeiter in Beschäftigung nimmt oder behält;

2. wer außer dem im §. 146 Ziffer 3 vorgesehenen

Falle den Bestimmungen dieses Gesetzes in Ansehung der Arbeitsbücher, Lohnbücher oder Arbeitszettel zuwiderhandelt;

3. wer vorsätzlich ein auf seinen Namen ausgestelltes Arbeitsbuch unbrauchbar macht oder vernichtet;

4. wer den Bestimmungen des §. 120 Abs. 1, des §. 139i oder einer auf Grund des §. 120 Abs. 3 erlassenen statutarischen Bestimmung zuwiderhandelt;

4a. Der Lehrherr, welcher den Lehrvertrag nicht ordnungsmäßig abschließt (§. 103e Abs. 1 Ziffer 1 und §. 126b);

5. wer es unterläßt, den durch §. 134c Abs. 3, §. 139k Abs. 4 für ihn begründeten Verpflichtungen nachzukommen.

Landesgesetzliche Vorschriften gegen die Verletzung der Schulpflicht, nach welchen eine höhere Strafe eintritt, werden durch die Bestimmung unter Ziffer 4 nicht berührt.

151. Sind bei der Ausübung des Gewerbes polizeiliche Vorschriften von Personen übertreten worden, welche der Gewerbetreibende zur Leitung des Betriebs oder eines Theiles desselben oder zur Beaufsichtigung bestellt hatte, so trifft die Strafe diese letzteren. Der Gewerbetreibende ist neben denselben strafbar, wenn die Uebertretung mit seinem Vorwissen begangen ist oder wenn er bei der nach den Verhältnissen möglichen eigenen Beaufsichtigung des Betriebs, oder bei der Auswahl oder

der Beaufsichtigung der Betriebsleiter oder Aufsichtspersonen es an der erforderlichen Sorgfalt hat fehlen lassen.

Ist an eine solche Uebertretung der Verlust der Konzession, Approbation oder Bestallung geknüpft, so findet derselbe auch als Folge der von dem Stellvertreter begangenen Uebertretung statt, wenn diese mit Vorwissen des verfügungsfähigen Vertretenen begangen worden. Ist dies nicht der Fall, so ist der Vertretene bei Verlust der Konzession, Approbation u. s. w. verpflichtet, den Stellvertreter zu entlassen.

152. Alle Verbote und Strafbestimmungen gegen Gewerbetreibende, gewerbliche Gehülfen, Gesellen oder Fabrikarbeiter wegen Verabredungen und Vereinigungen zum Behufe der Erlangung günstiger Lohn- und Arbeitsbedingungen, insbesondere mittelst Einstellung der Arbeit oder Entlassung der Arbeiter werden aufgehoben.

Jedem Theilnehmer steht der Rücktritt von solchen Vereinigungen und Verabredungen frei, und es findet aus letzteren weder Klage noch Einrede statt.

153. Wer Andere durch Anwendung körperlichen Zwanges, durch Drohungen, durch Ehrverletzung oder durch Verrufserklärung bestimmt oder zu bestimmen versucht, an solchen Verabredungen (§. 152) Theil zu nehmen, oder ihnen Folge zu leisten, oder Andere durch gleiche Mittel hindert oder zu hindern versucht, von solchen Verabredungen zurückzutreten, wird mit Gefängniß bis zu drei Monaten bestraft, sofern nach dem allgemeinen Strafgesetze nicht eine härtere Strafe eintritt.

Schlußbestimmungen.

154. Die Bestimmungen der §§. 105 bis 133e, 139c bis 139m finden auf Gehülfen und Lehrlinge in Apotheken, die Bestimmungen der §§. 105, 106 bis 119b sowie, vorbehaltlich des §. 139g Abs. 1 und der §§. 139h, 139l, 139m, die Bestimmungen der §§. 120a bis 133e auf Gehülfen und Lehrlinge in Handelsgeschäften keine Anwendung.

Die Bestimmungen der §§. 134 bis 139b finden auf Arbeitgeber und Arbeiter in Hüttenwerken, in Zimmerplätzen und anderen Bauhöfen, in Werften sowie in solchen Ziegeleien, über Tage betriebenen Brüchen und Gruben, welche nicht blos vorübergehend oder in geringem Umfange betrieben werden, entsprechende Anwendung. Darüber, ob die Anlage vorübergehend oder in geringem Umfange betrieben wird, entscheidet die höhere Verwaltungsbehörde endgültig.

Die Bestimmungen der §§. 135 bis 139b finden auf Arbeitgeber und Arbeiter in Werkstätten, in welchen durch elementare Kraft (Dampf, Wind, Wasser, Gas, Luft, Elektrizität u. s. w.) bewegte Triebwerke nicht blos vorübergehend zur Verwendung kommen, mit der Maßgabe entsprechende Anwendung, daß der Bundesrath für gewisse Arten von Betrieben Ausnahmen von den im §. 135 Abs. 2, 3, §§. 136, 137 Abs. 1 bis 3 und §. 138 vorgesehenen Bestimmungen nachlassen kann.

Auf andere Werkstätten sowie auf Bauten können durch

Kaiserliche Verordnung mit Zustimmung des Bundesraths die Bestimmungen der §§. 135 bis 139b ganz oder theilweise ausgedehnt werden. Werkstätten, in welchen der Arbeitgeber ausschließlich zu seiner Familie gehörige Personen beschäftigt, fallen unter diese Bestimmungen nicht.

Die Kaiserlichen Verordnungen sowie die Ausnahmebestimmungen des Bundesraths können auch für bestimmte Bezirke erlassen werden. Sie sind durch das Reichs-Gesetzblatt zu veröffentlichen und dem Reichstage bei seinem nächsten Zusammentritte zur Kenntnißnahme vorzulegen.

154a. Die Bestimmungen der §§. 115 bis 119a, 135 bis 139b, 152 und 153 finden auf die Besitzer und Arbeiter von Bergwerken, Salinen, Aufbereitungsanstalten und unterirdisch betriebenen Brüchen oder Gruben entsprechende Anwendung.

Arbeiterinnen dürfen in Anlagen der vorbezeichneten Art nicht unter Tage beschäftigt werden. Zuwiderhandlungen unterliegen der Strafbestimmung des §. 146.

155. Wo in diesem Gesetz auf die Landesgesetze verwiesen ist, sind unter den letzteren auch die verfassungs- oder gesetzmäßig erlassenen Verordnungen verstanden.

Welche Behörden in jedem Bundesstaat unter der Bezeichnung: höhere Verwaltungsbehörde, untere Verwaltungsbehörde, Gemeindebehörde, Ortsbehörde, Unterbehörde, Polizeibehörde, Ortspolizeibehörde und welche Verbände unter der Bezeichnung weitere Kommunalverbände zu verstehen sind, wird von der Zentralbehörde des Bundesstaats bekannt gemacht.

Für die unter Reichs- und Staatsverwaltung stehenden Betriebe können die den Polizeibehörden, unteren und höheren Verwaltungsbehörden durch §. 105b Abs. 2, §. 105c Abs. 2, §§. 105e, 105f, 115a, 120d, 134e bis 134g, 138 Abs. 1, §§. 138a, 139, 139b übertragenen Befugnisse und Obliegenheiten auf die der Verwaltung dieser Betriebe vorgesetzten Dienstbehörden übertragen werden.

Sachregister.

Die Ziffern bedeuten die Paragraphen.

A.

C.

D.

E.

F.

H.

J.

K.

M.

N.

R.

T.

W.

Z.

Druck von A. W. Hayn's Erben, Berlin und Potsdam.

Verzeichniß
der
Guttentag'schen Sammlung
Deutscher Reichsgesetze
und
Preußischer Gesetze.

Text-Ausgaben mit Anmerkungen und Sachregister.

Taschenformat.

Berlin.
J. Guttentag, Verlagsbuchhandlung,
G. m. b. H.

Guttentag'sche Sammlung

Deutscher Reichsgesetze.

Text-Ausgaben mit Anmerkungen. Taschenformat.

---

1. **Verfassung** des Deutschen Reichs. Gegeben Berlin, den 16. April 1871. Von Dr. **L. von Rönne.** Achte neubearbeitete Auflage von **Paul von Rönne,** Landrath. 1 M. 60 Pf.

2. **Strafgesetzbuch** für das Deutsche Reich. Nebst den gebräuchlichsten Reichs-Strafgesetzen: Presse, Personenstand, Nahrungsmittel, Entziehung elektrischer Arbeit, Kranken-, Unfall-, Invalidenversicherung, Gewerbeordnung, unlauterer Wettbewerb, Depot- und Börsengesetz u. s. w. Von Dr. **H. Rüdorff.** Zwanzigste Auflage von Dr. **H. Appelius,** Kammergerichtsrath. Gebunden in ganz Leinen 1 M. 20 Pf.

3. **Militärstrafgerichtsordnung** nebst Einführungsgesetz und Gesetz, betr. die Dienstvergehen der richterlichen Militärjustizbeamten und die unfreiwillige Versetzung derselben in eine andere Stelle oder in den Ruhestand. Von Dr. **P. Herz,** Geh. Admiralitätsrath. Zweite Auflage. Geb. in ganz Leinen 3 M.

   Militär-Strafgesetzbuch nebst Abdruck der entsprechenden Bestimmungen des Reichs-Strafgesetzbuchs. Text-Ausgabe mit Sachregister. Geb. in ganz Leinen 1 M.

4. **Handelsgesetzbuch vom 10. Mai 1897** unter Ausschluß des Seerechts. Mit den ergänzenden Vorschriften des Bürgerlichen Gesetzbuchs und Erläuterungen herausgegeben von **F. Litthauer**, Justizrath. Zwölfte Auflage. Geb. in ganz Leinen 2 M. 80 Pf.

5. Allgemeine Deutsche **Wechselordnung.** Siebente Auflage von Dr. **E. Ball**, Rechtsanwalt, und das Reichsgesetz über die **Wechselstempelsteuer.** Sechste Auflage von Reg.-Assessor **P. Loeck.** 1897. 2 M.
Neue Auflage in Vorbereitung.

6. **Gewerbeordnung** für das Deutsche Reich in der Fassung der Bekanntmachung vom 26. Juli 1900 nebst Ausführungsbestimmungen. Von **T. Ph. Berger**, fortgeführt von Dr. **Wilhelmi**, Geh. Ober-Regierungsrath. Sechszehnte vermehrte Auflage. In Vorbereitung.

7. Die deutsche **Post- und Telegraphen-Gesetzgebung.** Nebst dem Weltpostvertrag und dem internationalen Telegraphenvertrag. Von Dr. **P. D. Fischer**, Unterstaatssekretär im Reichs-Postamt. Vierte Auflage. 1895. 2 M. 60 Pf.

8. Die **Reichsgesetze** über den **Unterstützungswohnsitz** in der Fassung der Novelle vom 12. März 1894, die **Freizügigkeit**, den **Erwerb** und **Verlust** der

Bundes- und Staatsangehörigkeit, nebst allen landesgesetzlichen Bestimmungen. Von Geheimrath Dr. **J. Krech,** Mitglied des Bundesamtes für das Heimathwesen. Vierte Auflage. 2 M. 25 Pf.

9a. Sammlung **kleinerer privatrechtlicher Reichsgesetze.** Von **F. Vierhaus,** Geh. Ober-Justizrath. Zweite Auflage in Vorbereitung.

9b. Sammlung **kleinerer strafrechtlicher Reichsgesetze.** Von **M. Werner,** Geh. Ober-Regierungsrath. Zweite Auflage in Vorbereitung.

10. Das **Reichsbeamtengesetz** vom 31. März 1873 und seine Ergänzungen. Erläutert von **J. Pieper,** Geh. Ober-Regierungsrath. Zweite Auflage. Geb. in ganz Leinen. 4 M. 50 Pf.

11. **Civilprozeßordnung mit Gerichtsverfassungsgesetz,** Einführungsgesetzen und Ergänzungen. In der Fassung des Gesetzes vom 17. Mai 1898. Unter besonderer Berücksichtigung der Entscheidungen des Reichsgerichts herausgegeben mit Anmerkungen von **R. Sydow,** Direktor im Reichs-Postamt und **L. Busch,** Kammergerichtsrath. Neunte Auflage. 8°. Geb. in ganz Leinen 5 M.

Dieser Band ist in größerem Format erschienen!

12. **Strafprozeßordnung und Gerichtsverfassungsgesetz** in der vom 1. Januar 1900 ab geltenden Fassung, nebst dem **Gesetz, betreffend die Entschädigung der im Wiederaufnahmeverfahren freigesprochenen Personen.** Von **A. Hellweg,** Reichsgerichtsrath. Elfte Auflage. Geb. in ganz Leinen 2 M.

13. **Konkursordnung und Anfechtungsgesetz** mit Einführungs- und Nebengesetzen. In der Fassung der Gesetze vom 17. Mai 1898. Unter besonderer Berücksichtigung der Entscheidungen des Reichsgerichts herausgegeben mit Anmerkungen von **R. Sydow,** Direktor im Reichs-Postamt und **L. Busch,** Kammergerichtsrath. Achte Auflage. Geb. in ganz Leinen 1 M. 80 Pf.

14. **Gerichtsverfassungsgesetz** mit Einführungsgesetz, Nebengesetzen und Ergänzungen. In der Fassung des Gesetzes vom 17. Mai 1898. Unter Berücksichtigung der Entscheidungen des Reichsgerichts herausgegeben von **R. Sydow,** Direktor im Reichs-Postamt und **L. Busch,** Kammergerichtsrath. Achte Auflage. 1 M. 20 Pf.

15. **Das deutsche Gerichtskostengesetz nebst den Gebührenordnungen für Gerichtsvollzieher, Zeugen und Sachverständige.** In der Fassung vom 20. Mai 1898. Unter besonderer Berücksichtigung der Entscheidungen

des Reichsgerichtes herausgegeben mit Anmerkungen und Kostentabellen von **R. Sydow**, Direktor im Reichs-Postamt und **L. Busch**, Kammergerichtsrath. Sechste vermehrte Auflage. Geb. in ganz Leinen 1 M. 50 Pf.

16. **Rechtsanwaltsordnung.** Von **R. Sydow**, Direktor im Reichspostamt. Vierte Auflage von Dr. **E. Mosler**, Gerichtsassessor. Geb. in ganz Leinen 1 M. 20 Pf.

17. **Die Deutsche Gebührenordnung für Rechtsanwälte und das Preußische Gebührengesetz** vom 27. September/6. Oktober 1899. Von **R. Sydow**, Direktor im Reichs-Postamt und **L. Busch**, Kammergerichtsrath. Sechste Auflage. Geb. in ganz Leinen 1 M. 50 Pf.

18. **Reichsstempelgesetz (Börsensteuergesetz)** v. 14. Juni 1900, mit den Ausführungsbestimmungen, einem Auszug aus den Gesetzes-Materialien und den Entscheidungen der Verwaltungsbehörden und des Reichsgerichts. Achte Auflage von **P. Loeck**, Regierungsrath. Geb. in ganz Leinen 3 M. 30 Pf.

19. **Die Seegesetzgebung** des Deutschen Reiches. Nebst den Entscheidungen des Reichsoberhandelsgerichts, des Reichsgerichts und der Seeämter. Von Dr. **W. E. Knitschky**, Landgerichtsrath. Zweite Auflage. 3 M. 80 Pf.

20. **Krankenversicherungsgesetz** in der Fassung der Novelle vom 10. April 1892. Von Dr. **E. von Woedtke,** Direktor im Reichsamt des Innern. Achte Auflage. Geb. in ganz Leinen. 2 M. 25 Pf.

21. Die **Konsulargesetzgebung** des Deutschen Reiches. Von Geh. Justizrath Professor Dr. **Ph. Zorn.** Zweite Auflage. Geb. in ganz Leinen 3 M.

22a. **Patentgesetz. Gesetz, betreffend den Schutz von Gebrauchsmustern. Gesetz, betreffend das Urheberrecht an Mustern und Modellen.** Nebst Ausführungsbestimmungen unter eingehender Berücksichtigung der Rechtsprechung des Reichsgerichts und der Praxis des Patentamts. Erläutert von Dr. **R. Stephan,** Geheimer Regierungsrath, Mitglied des Kaiserlichen Patentamts. Fünfte vermehrte Auflage. Geb. in ganz Leinen 2 M.

22b. **Gesetz zum Schutz der Waarenbezeichnungen.** Nebst Ausführungsbestimmungen. Von Dr. **R. Stephan,** Geheimer Regierungsrath, Mitglied des Kaiserlichen Patentamts. Vierte vermehrte Auflage. 1 M.

23. **Gewerbe-Unfallversicherungsgesetz** und Gesetz, betr. die Abänderung der Unfallversicherungsgesetze vom 30. Juni 1900 in der Fassung der Bekanntmachung vom 5. Juli 1900 nebst Ausführungsverordnungen. Von Dr. **E. v. Woedtke,** Direktor im Reichsamt des Innern. Siebente umgearbeitete Auflage. Geb. in ganz Leinen 2 M. 50 Pf.

24. **Aktiengesellschaft und Kommanditgesellschaften auf Aktien.** (Handelsgesetzbuch, II. Buch, Abschnitt 3 und 4.) Mit erläuternden Anmerkungen von **H. Keyssner,** Kammergerichtsrath und Dr. **H. Veit Simon,** Rechtsanwalt. Fünfte Auflage. Bearbeitet von Dr. **Hugo Keyssner** u. **L. Keyssner.** Geb. in ganz Leinen 2 M. 25 Pf.

25. Reichsgesetz wegen **Erhebung der Brausteuer** vom 31. Mai 1872 mit Ausführungsvorschriften. Von **E. Bertho,** Regierungsrath. 1885. 1 M. 60 Pf.

26. Die Reichsgesetzgebung über **Münz- und Notenbankwesen,** Papiergeld, Prämienpapiere und Reichsschulden. Von Dr. jur. **R. Koch,** Präsident des Reichsbankdirektoriums. Vierte Auflage. Geb. in ganz Leinen 3 M.

27. Die Gesetzgebung, betr. das **Gesundheitswesen** im Deutschen Reich für Behörden, Aerzte rc. Von Dr. jur. **C. Goesch** und Dr. med. **J. Karsten.** 1888. 1 M. 60 Pf.

28. **Bau-Unfallversicherungsgesetz.** Vom 30. Juni 1900 in der Fassung der Bekanntmachung vom 5. Juli 1900. Von **R. Chrzescinski,** Kaiserl. Regierungsrath a. D., ehemaligem ständigen Mitglied des Reichs-Versicherungsamts. Dritte Auflage. Geb. in ganz Leinen 2 M.

29. Reichsgesetz, betr. die **Erwerbs- und Wirthschaftsgenossenschaften.** Von **L. Parisius** und Dr. **H. Crüger.** Neunte Auflage bearbeitet von Dr. **H. Crüger.** Geb. in ganz Leinen. 1 M. 50 Pf.

30. **Invalidenversicherungsgesetz** vom 13. Juli 1899, in der Fassung der Bekanntmachung vom 19. Juli 1899. Von Dr. **E. v. Woedtke,** Director im Reichsamt des Innern. Achte erweiterte Auflage. Geb. in ganz Leinen 2 M. 50 Pf.

31. Reichsgesetz, betr. die **Gewerbegerichte.** Von **L. Mugdan.** Vierte Auflage. Bearbeitet von **Cuno,** Stadtrath und stellvertretender Vorsitzender des Gewerbegerichts zu Königsberg i. Pr. 1 M. 80 Pf.

32. Reichsgesetz, betr. die **Gesellschaften mit beschränkter Haftung.** In der vom 1. Januar 1900 ab geltenden Fassung. Von **L. Parisius** und Dr. **H. Crüger.** Fünfte Auflage. 1 M.

33. Das **Vereins- und Versammlungsrecht** in Deutschland. Von Dr. **E. Ball,** Rechtsanwalt. 2 M. 25 Pf.

34. Reichsgesetz, betreffend die **Abzahlungsgeschäfte.** Vom 16. Mai 1894. Von **J. Hoffmann,** Oberverwaltungsgerichtsrath. Zweite vermehrte und verbesserte Auflage besorgt von Dr. **E. Wilke,** Landgerichtsrath. Geb. in Leinen 1 M. 20 Pf.

35. **Die Reichs-Eisenbahngesetzgebung.** Von **W. Coermann,** Kaiserl. Amtsrichter. 1895. 2 M. 25 Pf.

36. Gesetze, betr. die **privatrechtlichen Verhältnisse der Binnenschiffahrt und der Flößerei.** Nach den Materialien erläutert von **H. Makower.** Unter Berücksichtigung der am 1. Januar 1900 in Kraft tretenden Reichsgesetze bearbeitet von **E. Löwe,** Landgerichtsrath. Zweite veränderte Auflage. 2 M.

37. Gesetz zur **Bekämpfung des unlauteren Wettbewerbes.** Vom 27. Mai 1896. Von Dr. **R. Stephan,** Regierungsrath. Zweite Auflage. 80 Pf.

38/39. **Bürgerliches Gesetzbuch nebst Einführungsgesetz.** In Verbindung mit Professor Dr. **André,** Geh. Justizrath **Greiff,** Amtsrichter **Ritgen,** Regierungsrath Dr. **Unzner** herausgegeben von Reichsgerichtsrath Dr. **A. Achilles †,** s. Z. Kommissar des Reichs-Justizamts. Dritte vermehrte und verbesserte Auflage. 8°. Geb. in ganz Leinen 6 M.

Dieser Band ist in größerem Format erschienen!

40. Gesetz, betr. die **Pflichten der Kaufleute bei Aufbewahrung fremder Werthpapiere (Depotgesetz).** Vom 5. Juli 1896. Mit Erläuterungen, Einleitung und Sachregister. Von **F. Lusensky,** Geh. Regierungsrath. 90 Pf.

41. **Börsengesetz.** Vom 22. Juni 1896. Nebst den dazu erlassenen Ausführungsbestimmungen. Unter Mitwirkung des Geh. Ober-Regierungsrathes **A. Wermuth** bearbeitet von **H. Brendel,** Gerichts-Assessor, Hülfsarbeiter im Reichsamt des Innern. 1 M. 50 Pf.

42. **Grundbuchordnung** für das Deutsche Reich nebst den preußischen Ausführungsbestimmungen. Mit Einleitung von Professor Dr. **O. Fischer.** Zweite Auflage. Geb. in ganz Leinen 1 M. 80 Pf.

43. Die Gesetzgebung, betr. die **Zwangsvollstreckung in das unbewegliche Vermögen** im Reiche und in Preußen. Text-Ausgabe mit Einleitung, Anmerkungen, Kosten- und Gebührentabellen und Sachregister. Von Dr. **J. Krech,** Kaiserl. Geh. Regierungsrath und Professor Dr. **O. Fischer.** Dritte Auflage. Geb. in ganz Leinen 2 M.

44. Das Reichsgesetz über das **Auswanderungswesen** vom 9. Juni 1897 nebst Ausführungsverordnungen und Anlagen. Nach den Materialien und unter Benutzung amtlicher Quellen erläutert von Professor Dr. **Felix Stoerk.** 2 M. 25 Pf.

45 **Das Entmündigungsrecht** unter Berücksichtigung der für Preußen geltenden Vorschriften nebst der preußischen Justiz-Ministerial-Verfügung vom 28. November 1899. Text der civil- und prozeßrechtlichen Bestimmungen mit Erläuterungen von Landgerichtsrath Dr. **P. Koll** in Cöln. Geb. in ganz Leinen 1 M. 50 Pf.

46. Die Gesetze des Reiches und Preußens über die **freiwillige Gerichtsbarkeit.** Mit Einleitung von **Herm. Jastrow,** Amtsgerichtsrath. Zweite, erweiterte Auflage. Geb. in ganz Leinen 2 M. 80 Pf.

47. Das **deutsche Vormundschaftsrecht** und das preuß. Gesetz über die Fürsorgeerziehung Minderjähriger vom 2. Juli 1900 nebst den dazu gehörigen preußischen Nebengesetzen und allgemeinen Verfügungen. Mit Einleitung und Erläuterungen von **Max Schultzenstein,** Oberverwaltungsgerichtsrath und Amtsgerichtsrath Dr. **Paul Köhne.** Zweite Auflage. Geb. in ganz Leinen 3 M.

48. Gesetze und Verordnungen, betreffend den **Drogen-, Gift- und Farbenhandel** außerhalb der Apotheken, unter besonderer Berücksichtigung des Königreichs Preußen. Von Dr. **Broh,** Rechtsanwalt. 1 M. 25 Pf.

49. Deutsche **Kolonialgesetzgebung.** Von Prof. Dr. **Philipp Zorn.** Geb. in ganz Leinen 4 M. 50 Pf.

50. Der **Viehkauf** (Viehgewährschaft) nach dem Bürgerlichen Gesetzbuche. Mit Erläuterungen von Dr. **Hans Stölzle,** Rechtsanwalt in Kempten. Nebst Verordnung, betr. die Hauptmängel und Gewährsfristen beim Viehhandel. Erläutert von **Heinrich Weiskopf,** Königl. Kreisthierarzt in Augsburg. Zweite Auflage. Geb. in ganz Leinen 2 M.

51. **Hypothekenbankgesetz** vom 13. Juli 1899. Von Dr. **H. Göppert**, Gerichts-Assessor. Geb. in ganz Leinen 1 M. 80 Pf.

52. Gesetz, betreffend die gemeinsamen **Rechte der Besitzer von Schuldverschreibungen.** Vom 4. Dezember 1899. Von Dr. **Heinrich Göppert**, Gerichts-Assessor. Geb. in ganz Leinen 2 M.

53. **Reichspreßgesetz** vom 7. Mai 1874 nebst den einschlägigen Bestimmungen des Strafgesetzbuchs, der Gewerbeordnung &c. Kommentar von **A. Born**, Polizeiassessor. Geb. in ganz Leinen 1 M. 50 Pf.

54. Die Reichsgesetzgebung über den Verkehr mit **Nahrungsmitteln, Genußmitteln** und **Gebrauchsgegenständen.** Von Dr. **Georg Lebbin**, Nahrungsmittelchemiker. Geb. in ganz Leinen 2 M. 25 Pf.

55. Das Recht der **Beschlagnahme von Lohn- und Gehaltsforderungen.** Auf Grundlage der Reichsgesetze vom 21. Juni 1869 u. 29. März 1897 und der Civilprozeßordnung. Von Rechtsanwalt **Georg Meyer.** Geb. in ganz Leinen 1 M. 50 Pf.

56. Gesetz, betr. die **Bekämpfung gemeingefährlicher Krankheiten.** Vom 30. Juni 1900. Nebst Ausführungsbestimmungen. Von Dr. **Bruno Burkhardt**, Regierungsrath, Mitglied des Kais. Gesundheitsamts. Geb. in ganz Leinen 1 M. 40 Pf.

57. **See-Unfallversicherungsgesetz** vom 30. Juni 1900 in der Bekanntmachung des Reichskanzlers vom 5. Juli 1900. Von **Dr. Max Mittelstein,** Oberlandesgerichtsrath in Hamburg. Geb. in ganz Leinen 2 M.

58. **Das Recht der unehelichen Kinder.** Text-Ausgabe aller einschlägigen Bestimmungen des Bürgerlichen Gesetzbuches von **Hermann Jastrow,** Amtsgerichtsrath zu Berlin. Geb. in ganz Leinen 1 M. 80 Pf.

59. Das Reichsgesetz über die **Beurkundung des Personenstandes und die Eheschließung** in der vom 1. Januar 1900 ab geltenden Fassung. Von Dr. **F. Fidler,** Amtsgerichtsrath. Geb. in ganz Leinen. 1 M. 80 Pf.

60. Gesetz, betreffend das **Urheberrecht an Werken der Literatur und der Tonkunst.** Vom 19. Juni 1901. Von **Otto Lindemann,** Gerichtsassessor. Geb. in ganz Leinen 1 M. 50 Pf.

61. Gesetz über das **Verlagsrecht.** Vom 19. Juni 1901. Von Justizrath **Ernst Heinitz,** Rechtsanwalt. Geb. in ganz Leinen 1 M. 50 Pf.

62. Gesetz über die **privaten Versicherungsunternehmungen.** Vom 12. Mai 1891. Von **H. Könige,** Oberlandesgerichtsrath in Karlsruhe. Geb. in Leinen 3 M.

In Vorbereitung befinden sich:

Die privatlichen Bestimmungen des Vereinsrechts. Von **Rud. Hahn,** Rechtsanwalt.

Das Reichs-Haftpflichtgesetz. Von Dr. **G. Eger,** Regierungsrath.

Guttentag'sche Sammlung

Preußischer Gesetze.

Text-Ausgaben mit Anmerkungen. Taschenformat.

---

1. Die **Verfassungs-Urkunde** für den Preußischen Staat. Mit Einleitung, vollständigem Kommentar und Anlagen von Prof. Dr. **Adolf Arndt.** Vierte, gänzlich umgearbeitete und verbesserte Auflage. Geb. in ganz Leinen 2 M. 50 Pf.

2. Preußische **Beamten-Gesetzgebung.** Enthaltend die wichtigsten Beamtengesetze in Preußen. Von **C. Pfafferoth.** Dritte Auflage. 1 M. 50 Pf.

3. Die Preuß. Gesetzgebung, betr. die **Zwangsvollstreckung in das unbewegliche Vermögen.** Von Dr. **J. Krech,** Kais. Geh. Regierungs-Rath und Prof. Dr. **O. Fischer.** Dritte Auflage. Vergriffen.
   Siehe: Reichsgesetze Nr. 43.

4. **Gebührenordnung** für **Notare** vom 25. Juni 1895 in der Fassung der Bekanntmachung vom 6. Oktober 1899 nebst den einschlägigen Vorschriften des Preußischen Gerichtskostengesetzes. Von **R. Sydow,** Direktor im Reichs-Postamt. **Zweite Auflage** bearbeitet von Dr. **E. Mosler,** Gerichtsassessor. Geb. in ganz Leinen. 1 M. 50 Pf.

5. Gesetz **vom 24. April 1854 (betr. die außereheliche Schwängerung)** und die daneben geltenden Bestimmungen des Allgemeinen Landrechts nebst

den dazu ergangenen Präjudikaten. Von Dr. **Schulze.** 75 Pf. Seit dem 1. Januar 1900 gültiges Recht siehe Reichsgesetze: Nr. 58.

6. Die Preuß. **Ausführungsgesetze und Verordnungen zu den Reichs-Justizgesetzen.** Von **R. Sydow.** Dritte vermehrte Auflage. 1895. 2 M. 40 Pf.
Siehe Seite 21/22.

7. **Allg. Gerichtsordnung** vom 6. Juli 1793 **und** Preuß. **Konkursordnung** vom 8. Mai 1885. **Von F. Vierhaus,** Geh. Ober-Justizrath. **Vergriffen.**

8. **Vormundschaftsordnung** vom 5. Juli 1875, **nebst** allen Nebengesetzen und den dazu erlassenen Allgemeinen Verfügungen. Von Oberverwaltungsgerichtsrath **Schultzenstein.** Dritte Auflage. 1 M. 50 Pf. Seit dem 1. Januar 1900 gültiges Recht siehe: Reichsgesetze Nr. 47.

9. Die Preußische **Grundbuchgesetzgebung.** Mit Einleitung, Formularen, Kosten- und Stempeltabellen. Von Prof. Dr. **Fischer.** Dritte Auflage. Vergriffen. Siehe: Reichsgesetze Nr. 42.

10. **Einkommensteuergesetz.** Vom 24. Juni 1891. **Von** Geheimrath **Meitzen.** Vierte vermehrte Auflage von **A. Fernow,** Ober-Regierungsrath. 1 M. 50 Pf.

11. **Gewerbesteuergesetz.** Vom 24. Juni 1891. **Von A. Fernow,** Ober-Regierungsrath. **Dritte vermehrte Auflage.** 1 M. 25 Pf.

12. **Allgemeines Berggesetz** für die preußischen Staaten. Vom 24. Juni 1865, und die auf dasselbe bezüglichen Gesetze und Verordnungen. Von **E. Engels,** Ober-Bergrath. Dritte Auflage. In Vorbereitung.

13. **Ergänzungssteuergesetz** (Vermögenssteuergesetz). Vom 14. Juli 1893. Von **A. Fernow,** Geh. Finanzrath. Dritte vermehrte Auflage. Geb. in Leinen ca. 1 M. 50 Pf.

14. **Kommunalabgabengesetz.** Vom 14. Juli 1893 und Gesetz wegen Aufhebung direkter Staatssteuern. Vom 14. Juli 1893. Von **F. Adickes,** Oberbürgermeister. Zweite Auflage. 1 M. 25 Pf.

15. Die **Kreisordnungen** für den Preußischen Staat. Von **O. Kolisch,** Landgerichtsrath. 1894. 4 M.

16. **Concessionirung gewerblicher Anlagen.** Preuß. Ausführungs-Anweisung zu §§. 16 u. ff. der Reichs-Gewerbe-Ordnung. Von Dr. **W. von Rüdiger,** Geh. Regierungs- u. Gewerberath. Zweite Auflage. Geb. in ganz Leinen 2 M.

17. **Preußisches Gerichtskostengesetz.** Vom 25. Juni 1895. In der Fassung der Bekanntmachung vom 6. Oktober 1899. Mit Kostentabellen. Von Dr. **P. Siméon,** Landrichter. Dritte Auflage. Geb. in ganz Leinen 1 M. 80 Pf.

18. **Preußisches Stempelsteuergesetz** vom 31. Juli 1895. Mit den gesammten Ausführungsbestimmungen und vollständigen Tabellen. Von **P. Loeck,** Regierungsrath. Fünfte Auflage. Geb. in ganz Leinen 5 M.

Dieser Band ist in größerem Format erschienen.

19. **Das Jagdscheingesetz** vom 31. Juli 1895. Mit ausführlichen Erläuterungen nebst der Ausführungsverfügung vom 2. August 1898 und den Gesetzgebungsmaterialien. Von **F. Kunze,** Wirklichem Geh. Ober-Regierungsrath. Zweite Auflage. Geb. in ganz Leinen 2 M.

20. Gesetz, betr. die **Erbschaftssteuer.** Vom 19./24. Mai 1891 unter Berücksichtigung der Novelle vom 31. Juli 1895. Mit ausführlichen Erläuterungen von **P. Loeck,** Regierungsassessor. 1 M. 80 Pf.

21. Gesetz über die **Handelskammern.** Vom 19. August 1897. Mit Erläuterungen, geschichtlicher Einleitung sowie einer Uebersicht des Bestandes der kaufmännischen Vertretungen. Von **F. Lusensky,** Geh. Regierungsrath und vortragender Rath im Ministerium für Handel und Gewerbe 3 M.

22. Gesetz, betr. **Anstellung und Versorgung der Kommunalbeamten.** Vom 30. Juli 1899. Mit einem Anhang, enthaltend die preußische Ausführungsanweisung. Von Dr. **W. Ledermann,** Magistratsassessor zu Berlin. 1 M. 25 Pf.

23. **Ausführungsgesetz zum Bürgerlichen Gesetzbuche** vom 20. September 1899. Von Landrichter Dr. **P. Siméon.** Geb. in ganz Leinen 1 M. 60 Pf.

24. Die **Hinterlegungsordnung** vom 14. März 1879 in der Fassung des Ausführungsgesetzes z. B.G.B. v. 20. Sept. 1899 nebst Ausführungsbestimmungen. Von Regierungsassessor Dr. **Georg Bartels.** Geb. in ganz Leinen 1 M. 50 Pf.

25. **Preußische Kommunalbeamtengesetzgebung.** Von Magistratsassessor Dr. jur. **Kremski.** Geb. in ganz Leinen 3 M.

26. Die **Preußischen Gesetze über das Diensteinkommen der Lehrer und Lehrerinnen, ihren Ruhegehalt und die Fürsorge für ihre Hinterbliebenen,** sowie einer Tabelle zur Berechnung der Ruhegehalts-, Wittwen- und Waisenbezüge. Von Dr. **Ed. Cremer,** Beigeordneter. Geb. in ganz Leinen 2 M. 40 Pf.

27. Gesetz, betreffend die **Waarenhaussteuer.** Vom 18. Juli 1900. Von Geh. Ober-Finanzrath Dr. **G. Strutz.** Geb. in ganz Leinen 1 M. 20 Pf.

28. Gesetz über die **Fürsorgeerziehung Minderjähriger.** Vom 2. Juli 1900. Nebst Ausführungsanweisungen. Von Landgerichtsrath Dr. **F. P. Aschrott.** Geb. in ganz Leinen 2 M. 80 Pf.

29. Gesetz, betr. **die ärztlichen Ehrengerichte, das Umlagerecht und die Kassen der Aerztekammern.** Vom 25. November 1899. Von Amtsgerichtsrath Dr. **Fidler.** Geb. in ganz Leinen 1 M. 50 Pf.

Guttentag'sche Sammlung von
Text-Ausgaben mit Sachregister ohne Anmerkungen.

Taschenformat, elegant in Leinen gebunden.

Reichs-Justizgesetze:

Gerichtsverfassungsgesetz. Civilprozeßordnung. Konkursordnung. Strafprozeßordnung.

Zweite Auflage.

In einem Bande gebunden 3 M. 80 Pf.

Civilprozeßordnung mit Gerichtsverfassungsgesetz und **Einführungsgesetzen.** In der Fassung der auf Grund des Gesetzes vom 17. Mai 1898 erfolgten Bekanntmachung vom 20. Mai 1898. 2 M.

Konkursordnung mit Einführungsgesetz. In der Fassung der Bekanntmachung v. 20. Mai 1898. 80 Pf.

Strafprozeßordnung für das Deutsche Reich nebst **Einführungsgesetz.** 1 M. 20 Pf.

Bürgerliches Gesetzbuch nebst Einführungsgesetz. Vom 18. August 1896. Nebst ausführlichem Wort- und Sachregister bearbeitet von Oberamtsrichter **Jatzow.** Zehnter Abdruck. 2 M. 50 Pf.

Handelsgesetzbuch nebst Einführungsgesetz. Vom 10. Mai 1897. Sechster Abdruck. 1 M. 80 Pf.

Gesetz, betr. die **Abänderung der Gewerbeordnung** (Neues Handwerkergesetz). Vom 26. Juli 1897. 90 Pf.

Guttentag'sche Sammlung von Text-Ausgaben mit Sachregister ohne Anmerkungen.

Gewerbeordnung für das Deutsche Reich. In der Fassung der Bekanntmachung vom 26. Juli 1900. (Reichs-Gesetzblatt Nr. 47, ausgegeben am 15. Oktober 1900.) Zweite Auflage. 1 M. 20 Pf.

Militär-Strafgesetzbuch für das Deutsche Reich mit Verweisungen und Abdruck der entsprechenden Bestimmungen des Reichs-Strafgesetzbuchs. 1 M.

Militärstrafgerichtsordnung für das Deutsche Reich, nebst **Einführungsgesetz** und **Gesetz**, betr. die Dienstvergehen der richterlichen Militärjustizbeamten und die unfreiwillige Versetzung derselben in eine andere Stelle oder in den Ruhestand. Vom 1. Dezember 1898. **Militär-Strafgesetzbuch** mit Verweisungen und Abdruck der entsprechenden Bestimmungen des Reichs-Strafgesetzbuchs. Zweite Auflage. 1 M. 50 Pf.

Die Preußischen Ausführungsgesetze zum Bürgerlichen Gesetzbuche, zum **Gesetz**, betr. Aenderung der Civilprozeßordnung vom 17. Mai 1898, **zum Gesetz** über die Zwangsversteigerung und die Zwangsverwaltung, zur Grundbuchordnung und zum Handelsgesetzbuch. **Preuß.** Gesetz über die freiwillige Gerichtsbarkeit und Gesetz, enthaltend die landesgesetzlichen Vorschriften über die Gebühren der Rechtsanwälte und der Gerichtsvollzieher. Fünfte Auflage. 1 M. 80 Pf.

Reichsstempelgesetz (Börsensteuergesetz) in der Fassung der Bekanntmachung **vom** 14. Juni 1900. Mit Ausführungsbestimmungen, einem Anhang, enthaltend Tabellen zur Berechnung der Reichsstempelabgaben und Sachregister. 1 **M.** 50 Pf.

Bürgerliches Gesetzbuch

nebst

Einführungsgesetz.

Für Preußen zusammengestellt unter Einfügung der sämmtlichen preußischen Ausführungsbestimmungen.

Text-Ausgabe mit ausführlichem Sachregister bearbeitet von

Dr. Paul Winter,
Landrichter.

8°. Geb. in ganz Leinen Preis 5 M.

Die Preußischen Ausführungsgesetze

zum

Bürgerlichen Gesetzbuche
und den anderen Reichs-Justizgesetzen
nebst den zugehörigen

Verordnungen, Ministerialerlassen und Geschäftsordnungen.

Text-Ausgabe mit ausführlichem Sachregister nach Materien geordnet unter Anleitung von

L. Busch,
Kammergerichtsrath.

8°. Geb. in ganz Leinen Preis 7 M. 50 Pf.

Adickes, F., Oberbürgermeister in Frankfurt a. M. Das Kommunalabgabengesetz vom 14. Juli 1893. Für den praktischen Gebrauch mit einer geschichtlichen Einleitung und Erläuterungen versehen, sowie mit einem die Ausführungsanweisung berücksichtigenden Nachtrag. 8°. Kartonnirt 6 M.

Arndt, Dr. Adolf, Geheimer Justizrath, Professor. Verfassung des Deutschen Reichs. Mit Einleitung und Kommentar. 8°. Kartonnirt 3 M.

Das Gesetz betreffend die Anlegung und Veränderung von Straßen und Plätzen in Städten und ländlichen Ortschaften vom 2. Juli 1875. Des Kommentars von weil. Oberverwaltungsgerichtsrath **R. Friedrichs** fünfte völlig neubearbeitete Auflage. Von Dr. jur. **Hugo v. Strauß und Torney**, Senatspräsident am Oberverwaltungsgericht. 8°. Geb. Im Druck.

Hauß, C., Geh. Ober-Reg.-Rath. Das Gesetz zur Bekämpfung des unlauteren Wettbewerbes. Vom 27. Mai 1896. Für die gerichtliche und gewerbliche Praxis erläutert. 8°. Geb. in Leinen 3 M.

Holtgreven, Dr. A., Geh. Ober-Justizrath und vortragender Rath im Justizministerium. Das Wildschadengesetz vom 11. Juli 1891. Kommentar. Dritte Auflage. 8°. Kartonnirt 3 M.

Jerusalem, Herm., Landgerichtsrath, Mitglied des Hauses der Abgeordneten. Das Gesetz über Kleinbahnen und Privatanschlußbahnen vom 28. Juli 1892 nebst der Ausführungsanweisung zu diesem Gesetze vom 22. August 1892. gr. 8°. 2 M.

Kamptz, W. v., Verwaltungsgerichtsdirektor. Das Gesetz, betreffend die Vertheilung der öffentlichen Lasten bei Grundstückstheilungen und die Gründung neuer Ansiedelungen in den Provinzen Preußen, Brandenburg, Pommern, Posen, Schlesien, Sachsen und Westfalen vom 25. August 1876. 8°. Kartonnirt 2 M. 50 Pf.

Könige, H., Oberlandesgerichtsrath. Handelsgesetzbuch vom 10. Mai 1897 nebst Abdruck des Gesetzes über die Angelegenheiten der freiwilligen Gerichtsbarkeit und Gerichtsverfassungsgesetz (Titel 7, Kammern für Handelssachen). 8°. Geb. in ganz Leinen 4 M. 50 Pf.

Laß, Dr. L., Kaiserl. Regierungsrath, Strafrecht der Berufsgenossenschaften nach den Unfallversicherungsgesetzen vom 30. Juni 1900. Unter Benutzung amtlichen Materials zum praktischen Gebrauche dargestellt. Geb. in Leinen 3 M.

Laurisch, G., Königl. Gewerbeinspektor, Gewerberecht und Arbeiterschutz. Führer für Arbeitgeber und Arbeiter durch die Gewerbe- und Arbeiterschutz-Gesetze. Kartonnirt 1 M. 80 Pf.

Ledermann, Dr. iur. Walter, Die Städte-Ordnung für die sechs östlichen Provinzen der preußischen Monarchie vom 30 Mai 1853 nebst ihren Ergänzungen. Lieferung 1. 8°. Preis 1 M. 50 Pf.

Inhalt: Titel I bis III (§ 1—34) der Städteordnung sowie das am 1. Januar 1901 in Kraft getretene Gesetz, betreffend die Bildung der Wählerabtheilungen bei den Gemeindewahlen vom 30. Juni 1900 (zu § 13 der St.O.).

Nußbaum, Dr. A., Die freiwillige Gerichtsbarkeit im Reiche und in Preußen. Ein Leitfaden. 8°. Geb. in ganz Leinen 4 M.

Das vorliegende Buch bietet eine systematische Darstellung der freiwilligen Gerichtsbarkeit. ..... Dem Verfasser ist die Aufgabe, die er sich gestellt hat, vorzüglich gelungen, und das Buch ist nicht nur für Preußen, sondern in seinem größten Theile auch für die übrigen Bundesstaaten verwendbar...... Ueberall steht die Darstellung auf vollster wissenschaftlicher Höhe; meist ist sie mit sehr gründlichen historischen Bemerkungen eingeleitet. Durchweg ist sie klar und von reicher Kenntniß des behandelten Gegenstandes und der Literatur getragen...... Das Buch kann namentlich für das Studium der jüngeren Juristen auf das Wärmste empfohlen werden.

Amtsgerichtsrath Jastrow
in der „Zeitschrift für deutschen Civilprozeß". 1901.

Ottermann, Carl, Stadtrath in Dortmund. Das Fluchtliniengesetz vom 2. Juli 1875. Erläuternde Abhandlung. 8°. 1 M. 25 Pf.

Stephan, Dr. R., Geh. Regierungsrath u. Mitglied des Kais. Patentamts. Gesetz, betreffend die Patentanwälte. Vom 21. Mai 1900. Nebst Ausführungsverordnungen. 8°. Geb. in ganz Leinen 1 M. 50 Pf.

Telegraphenwege-Gesetz vom 18. Dezember 1899 nebst den vom Reichskanzler erlassenen Ausführungsbestimmungen vom 26. Januar 1900 und den Erläuterungen und Ausführungsanweisungen des Reichs-Postamts. Amtliche Ausgabe. 8°. Geb. in ganz Leinen 1 M.

Wittenberg, Dr. M., Dozent an der Humboldt-Akademie. Wegweiser durch das Aktienrecht, nach dem Wortlaut der seit dem 1. Januar 1900 gültigen Reichsgesetze. Taschenformat. Geb. in ganz Leinen 1 M.

Schlagwort-Register.

R. = Nummer der Sammlung Deutscher Reichsgesetze.
P. = Nummer der Sammlung Preußischer Gesetze.
S. = Seite.

Kolibri 360 GmbH
Ferdinand-Jühlke-Straße 7
99095 Erfurt, Deutschland
produktsicherheit@kolibri360.de